铁路临时桥梁简易计算

陈胜友　编著

中国铁道出版社

2011年·北京

内容简介

本书介绍了铁路临时桥梁的形式、结构及要求，给出了铁路临时桥梁的简易计算方法和实例，收录了现行有关临时桥梁的资料，可供工程技术人员参考。

图书在版编目(CIP)数据

铁路临时桥梁简易计算/陈胜友编著．—北京：中国铁道出版社，2011.9
ISBN 978-7-113-13308-5

Ⅰ．①铁…　Ⅱ．①陈…　Ⅲ．①铁路桥—桥梁工程—计算　Ⅳ．①U448.13

中国版本图书馆 CIP 数据核字(2011)第 150627 号

书　　名：**铁路临时桥梁简易计算**
作　　者：陈胜友　编著

责任编辑：时　博　**电话**：(010)51873141　**电子信箱**：crph@163.com
封面设计：崔　欣
责任校对：孙　玫
责任印制：郭向伟

出版发行：中国铁道出版社(100054，北京市西城区右安门西街 8 号)
网　　址：http://www.tdpress.com
印　　刷：中国铁道出版社印刷厂
版　　次：2011 年 9 月第 1 版　2011 年 9 月第 1 次印刷
开　　本：850 mm×1 168 mm　1/32　印张：3.75　字数：95 千
书　　号：ISBN 978-7-113-13308-5
定　　价：12.00 元

前　言

临时桥梁(亦称便桥)是具有承载能力的临时架空建筑物。在铁路工作中会遇到气候、地质等自然灾害,铁路行车设备破坏,线路无法通车,或在短时间内无法永久性恢复设备通车时,为争取更快的时间恢复通车,需要在灾害处恢复原有设备,或在排泄洪水较合理处增设排洪设备搭设临时桥梁。

抢险设计临时桥梁,其目的就是抢时间、抢通车,用较短的时间去组织人员和所需的材料,并将其输送到位;在所管辖的范围内取一切可用之材,用于抢险救灾,搭设临时桥梁。铁路行车设备要实施临时通车,就要做到有备无患。有一个完善的抢险救灾预案,并能及时应对各种突发灾害、铁路行车设备大修、更新改造,或增设涵渠、管线等施工,对减少灾害、施工造成的间接损失起到决定性的作用。

临时桥梁形式是多样化、多形式的,本书只对临时桥梁的桥跨结构进行计算,并将现行的有关临时桥梁的资料收录于书中,以便于工程技术人员在使用时查阅,并防止盲目开通线路和盲目放行列车及放行速度、或不能确定结构的安全性,延误行车,防止给行车安全带来极为不利的隐患。

书中介绍的临时桥梁形式,只是铁路临时桥梁中的一小部分,广大铁路工程技术人员在实践中,可根据不同的灾害情况、不同的形势、不同的现场,设置不同形式的临时桥梁，以应对各种不利的情况。

抢险的方法很多，在路基冲毁、缺口水深流激时，临时桥梁不易搭设，工作量较大，对抢险人员性命危害较大；待水退落时，使用机械设备填筑路基的速度较搭设临时桥梁快且安全。因此，搭设临时桥梁已经不是最好的办法。

临时桥梁的使用，较多是在铁路设备大修方面，大修前做好施工组织、施工方案，备齐各种工具、材料、施工机械，是名副其实的有备而战。铁路抢险时使用临时桥梁，只是在路基冲毁处恢复或增设涵洞等排水设备时使用，或在路基高度较低的缺口处、取路基填料土困难处搭设临时桥梁，用于卸路基土填料时使用。在铺设工程临时便线、便道，跨越河流、小溪、沟谷，运送大型机械、大宗材料也有使用。

本书在编写过程中，参考了大量的文献和各种临时桥梁的资料，在此表示感谢。由于临时桥梁强度计算方面的资料甚少，本书主要是结合作者多年所经历的工务抢险救灾工作实践经验及个人肤浅的认识进行编写，书中主要列举了一些临时桥梁的形式及设置方法，仅供读者参考。由于作者学识肤浅、水平有限，书中错误在所难免，敬请批评指导。

作　者

2011 年 7 月

目　录

第一章　概　　述

桥梁是供铁路、公路、渠道、管线等跨越河流、山谷、交通道路等其他障碍物,或为保护农田、减少路基填筑占地过大,或因路基影响城市交通、美观、视线、为建立城市标志而设置的具有承载能力的架空建筑物。

桥梁的主要组成部分为:桥跨、桥墩、桥台、桥头锥体等。桥跨是跨越机构,是桥梁的上部结构。桥墩、桥台是支承桥跨的结构,桥台又是桥梁与路堤衔接的结构物,桥墩、桥台及基础为桥梁的下部结构。

临时桥梁是具有承载能力的临时架空建筑物。所谓具有承载能力,就是结构上要有承受一定荷载的能力,相连的结构要求完整、严谨、牢固、整体作用良好,并能够保障安全使用;而临时桥梁就是短时间、短时期内使用的架空设备,是在铁路、公路等交通设施遇到设备故障,行车事故,气候、地质等自然灾害,造成铁路、公路等交通设施损坏或无法通车,在短时间内又无法永久性修复通车设备时,为减少因交通中断造成对国家、企业、个人经济、生活的影响,为争取更快的时间恢复通车,而设计的临时性架空建筑物。恢复临时通车而架设的临时桥梁,在保障排泄滞留的洪水的同时,还要保障临时通车所涉及的设施的使用安全。

临时桥梁的用途大致分为三类:一是抢险救灾、修建便线、应变应急;二是设备大修、更新改造、增设设备等;三是修建施工的道路便线、便道等其他方面。

在铁路工作中,会遇到气候、地质等自然灾害,铁路行车设备遭到破坏,线路无法通车,或需要在灾害处所修复原有排水(涵洞、涵渠等)设备,或在灾害处所增设排洪(涵洞、涵渠等)设备,就必须在原处所或排洪较合理处所搭设临时桥梁。

因铁路设备在荷载的长期作用下,涵洞损坏、隧道仰拱破损、路基基床翻浆冒泥、排水设施不能满足排泄洪水的能力等需进行大修、更新改造;或增设交通过道、排灌涵渠、管线等施工,而影响铁路既有线行车,为保障铁路正常通车,必须对铁路行车设备实施临时性的行车措施,即搭设临时桥梁来保证铁路临时性的行车。

气候、地质等自然灾害基本上是突发性的破坏,地点不能确定、破坏的形式不能确定,这就需要有应变应急的智慧和能力。铁路抢险时搭设临时桥梁,只是在冲毁的路基处,修复、增设涵洞等排水设备而设置临时行车时所使用;或在路基高度较低的缺口处、或取土及取其他填料困难的路基处,搭设临时桥梁,用于列车卸路基填料使用。

线路设备大修、更新改造、增设交通设施、涵渠、管线等设备施工,这些都是地点确定、临时桥梁形式确定,行车方案确定,都能事先谋划,是有组织、有方案、有施工实施手段的,按计划方案备足人员、备齐材料、备好施工机械和工具,是名副其实的有备而战。在这些方面使用的临时桥梁,支撑其桥台、墩台材料,多数都是提前采用灌筑钢筋混凝土桩墩形式;而采用木枕垛形式的桥墩台,多数都是使用在路基高度较低的处所,以确保快速恢复铁路行车。

在铺设工程临时便线、便道时,跨越河流、小溪、沟谷、运送大型机械、大宗材料使用的临时桥梁,也是事先谋划的,这些未涉及铁路行车安全的临时桥梁的结构、使用的材料比较简易。

临时桥梁形式是多样化、多形式的,根据不同的材料、不同的地势、不同的净空、不同的需要而设置。

抢险时设置临时桥梁的桥跨要满足桥下的净空、跨度、跨数,主要是要满足排洪的要求,根据排洪要求确定桥梁所需的孔径、跨数。设备大修、更新改造、增设设备、修建便道时,桥下的净空主要考虑增设的排水设备、管线设备,及施工时期排泄雨天、汛期的洪水所需的跨数、高度,并保证桥跨下的车辆、行人、牲畜的安全通行,保证电力、通信、信号等线路设备的安全。

临时桥梁一般使用的材料,在铁路线上较容易取得钢轨、木质枕、钢枕、接头夹板、螺栓、道钉等配件材料，及抢险救灾备用的“军用梁”、“军用架墩”设备杆件等材料，或使用较容易购得到的工字钢、槽钢等金属材料和木质材料。在困难情况下，这些材料及配件都是有限的，这就要求就近取得能替代的材料，通过结构安全稳定计算，满足安全要求、排洪要求，选取最佳方案，较快、较好、安全的放行列车。

随着铁路轨道向重型化的方向发展及维护生态平衡的宏伟规划，木质轨枕即将告别半个多世纪的中国铁路，在今后的抢险救灾、工程施工中将无法再使用有规格的木质轨枕，临时桥梁的桥跨、桥墩、桥台及底部的承载层材料将会向轻便、耐用、承载能力强、运输方便、安装简易、拆卸简便的杆件式的方向发展。

临时桥梁亦是具有承载能力的架空建筑物。当临时桥梁的形式设计完毕后，必须对临时桥梁的结构及受力杆件进行安全检算，以确保桥跨结构的安全性、整体性、牢固性，确保桥墩、桥台的整体稳定，进而确保交通设施的安全，确保国家、企业、个人生命、财产安全。

第二章　临时桥梁的结构及要求

第一节　临时桥梁的形式

临时桥梁是多样化、多形式的，有纵梁式、纵梁横抬式、纵梁抬吊式、纵梁横吊式等多种形式。根据灾害情况、大修施工的地形、行车条件、安全条件设置符合安全行车、排泄滞留积水及符合建筑物高度的临时桥梁。临时桥梁采使用的材料各种各样，有钢轨材料类、型钢材料类、木质材料类、混凝土材料类、金属木质混合材料类。钢轨材料类的跨度，根据2003年版《铁路工务技术手册　防洪》第六章“便线与便桥”所述，钢轨束梁的最大容许跨度，一般控制在6.700 m以内；木质材料类的跨度一般较小，控制在2.000 m左右；型钢材料类的跨度一般较大，整体性能较好，施工也较方便；混凝土材料类的跨度一般亦较大，但施工难度较大，在抢险救灾或设备大修、更新改造施工中，使用混凝土材料类的临时桥梁难度较大，所以使用极少。

一、临时桥梁的一般梁跨形式

1. 纵 梁 式

纵梁式（图2—1、图2—2）是将设置临时桥梁地段的铁路线路拆除，将轨枕直接铺设在临时桥梁上，纵梁中心设置与行车钢轨中心一致。为减轻轨枕与纵梁的硬接触、减少纵梁的承受荷载，轨枕一般采用木质轨枕（或将混凝土轨枕更换为木质枕）。这种形式的临时桥梁，比较适合于路基遭到冲空后，设置于线路之下。若用于既有线路设备大修时，或设置与拆除线路、更换混凝土轨枕时，或施工完毕拆除临时桥梁时，对行车影响都比较大，且工作量较大，费时、费劳力。

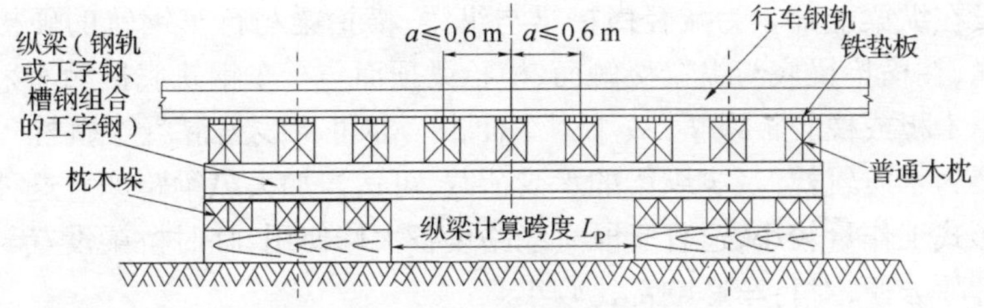

图 2—1　纵梁式束梁正面图

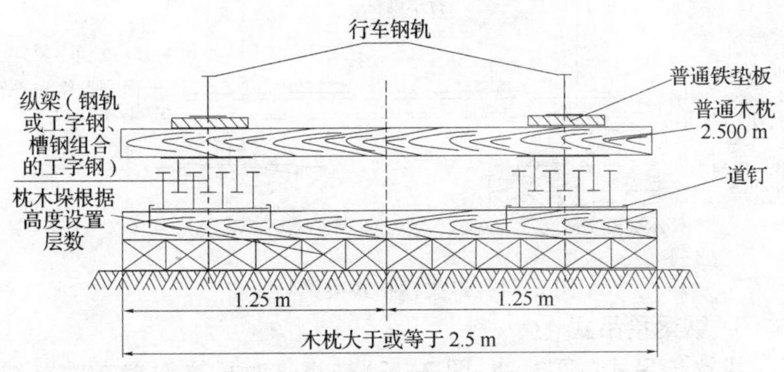

图 2—2　纵梁式束梁侧面图

2. 纵梁横抬式

纵梁横抬式（图 2—3、图 2—4）是将临时桥梁设置在铁路线路两侧，纵梁边缘尽量紧靠轨枕端部，线路轨枕可不拆除，两纵梁中心距尽可能控制在 3. 40 m 以内。横梁横穿在线路轨枕之间，搭

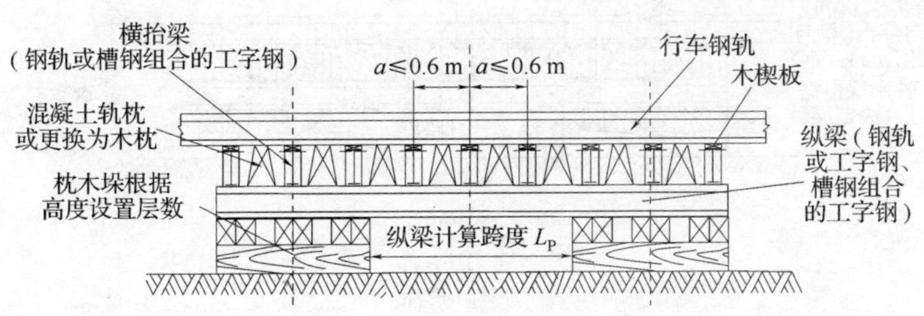

图 2—3　纵梁横抬式束梁正面图

设在纵梁上部。为减轻横抬梁与纵梁、横抬梁与行车钢轨的硬接触,在横抬梁底与纵梁接触面、横抬梁顶面与行车钢轨底接触面采用木板或橡胶板塞垫,减小列车冲击。亦可将线路混凝土轨枕更换为木质轨枕,减少纵梁的承受荷载,可适当加大纵梁跨度。这种形式工作量较小,适合于既有线路设备大修使用,临时桥梁设置与拆除方便,对行车影响都比较小。

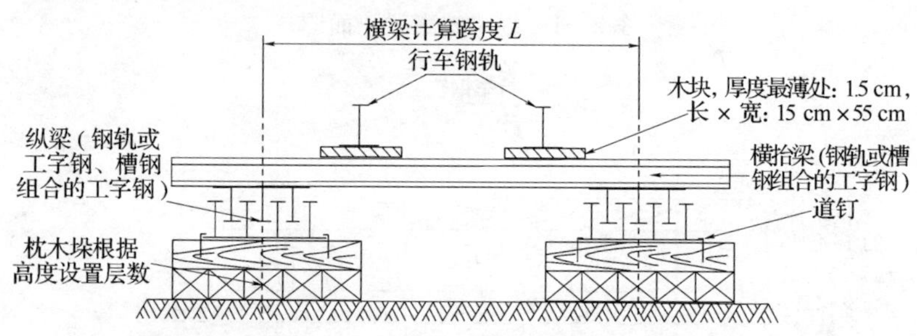

图 2—4　纵梁横抬式束梁侧面图

3. 纵梁抬吊式

纵梁抬吊式(图 2—5、图 2—6)是将临时桥梁设置在铁路线路两侧,纵梁边缘尽量紧靠轨枕端部,线路轨枕可不拆除,两纵梁的中心距、高度等限界必须满足机车车辆容许界限范围以内。横抬梁横穿在线路轨枕之间,搭设在下纵梁的顶面与上纵梁的底部

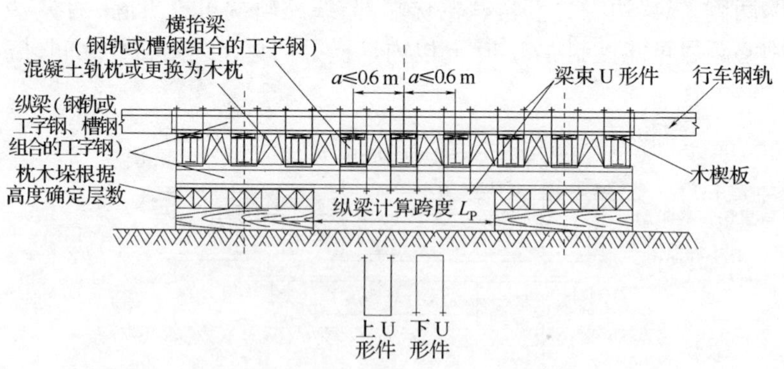

图 2—5　纵梁抬吊式束梁正面图

间,采用U(上U和下U)形梁束件与上、下纵梁联成一体。为减轻横抬梁与行车钢轨的硬接触,在横抬梁顶面与行车钢轨底接触面采用木板或橡胶板塞垫,减小列车冲击。为减少纵梁的承受荷载,可将线路混凝土轨枕更换为木质轨枕,可适当加大纵梁跨度。采用这种形式的主要目的是加大纵梁底部的净空,适合于既有线路设备大修使用,安装U形梁束件比较费时、费劳力,临时桥梁拆除方便,对行车影响较小。

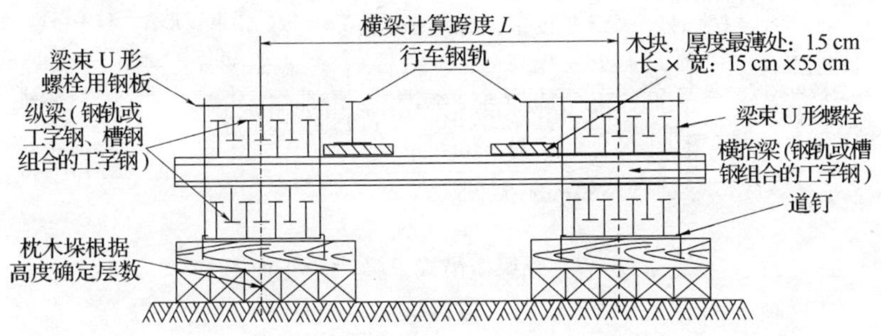

图2—6　纵梁抬吊式束梁侧面图

4. 纵梁横吊式

纵梁横吊式有两种形式,一是设置3组纵梁(图2—7、图2—8)。2组纵梁设置在铁路线路两侧,1组纵梁设置在铁路线路中心处。两侧纵梁边缘尽量紧靠轨枕端部,线路轨枕可不拆除,两侧纵梁限界必须满足机车车辆容许限界范围以内。横抬梁横穿在线路轨枕之间,线路道心内的纵梁设置于横抬梁上,3组纵梁采用U形梁束件与横抬梁联成一体。横抬梁采用钢轨类材料,或工字钢、槽钢组合的工字钢。在横抬梁顶面与行车钢轨底接触面采用木板或橡胶板塞垫,减小列车冲击。为减少纵梁的承受荷载、适当加大纵梁跨度,可将线路混凝土轨枕更换为木质轨枕。二是设置2组纵梁(图2—9、图2—10)。将线路混凝土轨枕拆除,更换为木质轨枕,将2组纵梁设置在铁路线路两外侧木质轨枕头上顶部,将其木质轨枕作为横抬梁横穿在线路上,并作为联结轨道的几何尺寸的框架结构,采用U形梁束件与纵梁联成一体。

这种纵梁横吊的形式适合于既有线路设备大修、开挖深度浅或需要施工空间的施工使用,但纵梁设计跨度较小,横吊梁间距受设计严格控制;安装U形梁束件比较费时、费劳力,拆除方便。采用第二种形式安装、拆除均对行车影响比较大。

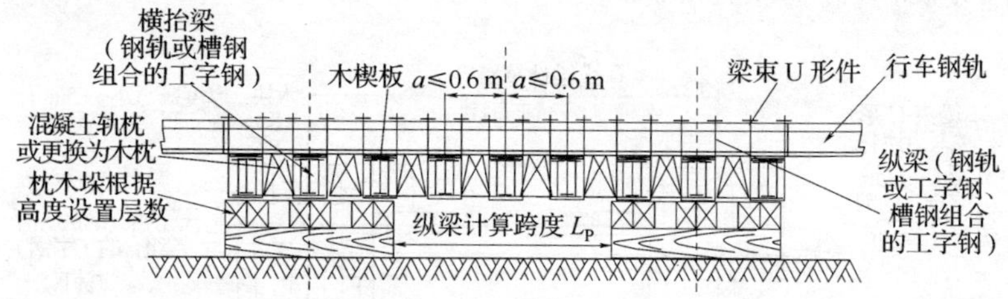

图2—7 纵梁横吊式束梁(一)正面图

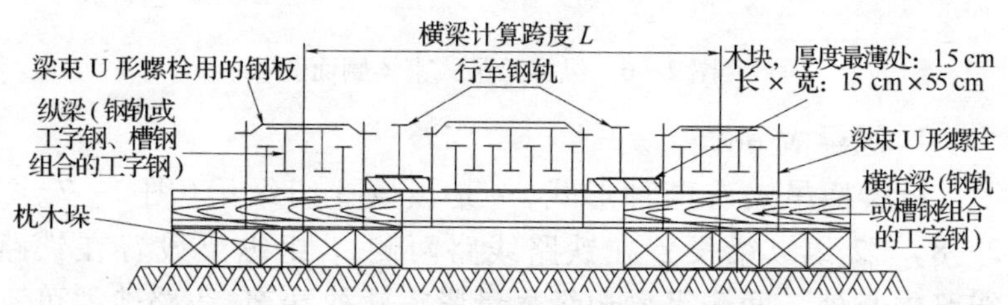

图2—8 纵梁横吊式束梁(一)侧面图

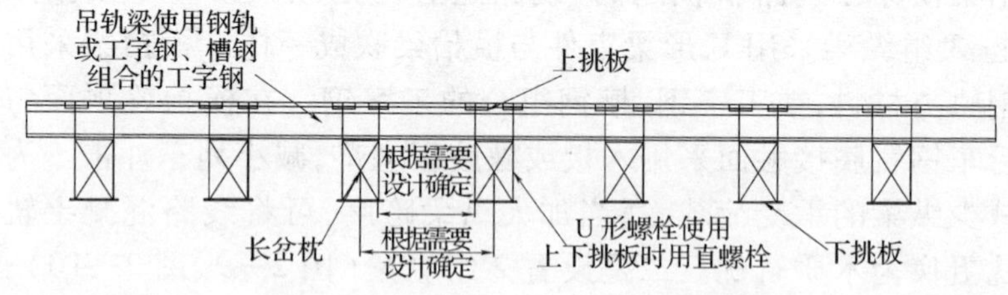

图2—9 纵梁横吊式束梁(二)正面图

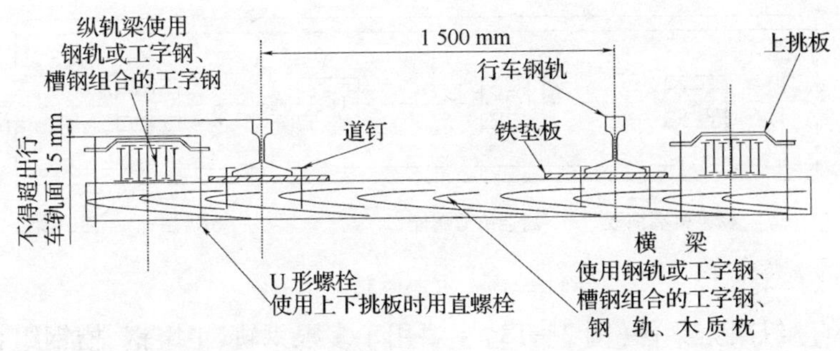

图 2—10 纵梁横吊式束梁(二)侧面图

5. 纵梁穿越式

纵梁穿越式(图 2—11、图 2—12)是将临时桥梁设置在铁路线路两侧,主纵梁边缘尽量紧靠轨枕端部,两主纵梁界限必须满足机车车辆界限容许范围以内。横梁采用高强抗剪螺栓与主纵梁中部联结,承(行车)轨纵梁设置在横梁上,用 U 形轨束件等联结件将承轨纵梁与横梁联结成整体,将线路混凝土轨枕拆换为木质轨枕,铺设在承轨纵梁上,承轨纵梁中心与行车钢轨中心重合。这种纵梁穿越形式的设计跨度较大,主要目的是加大主纵梁底部的净空,适合于既有线路设备大修、增设交通、灌溉涵渠等设备使用,安装横梁、U 形梁束件比较费时、费劳力,拆除临时桥梁时,对行车影响比较大。

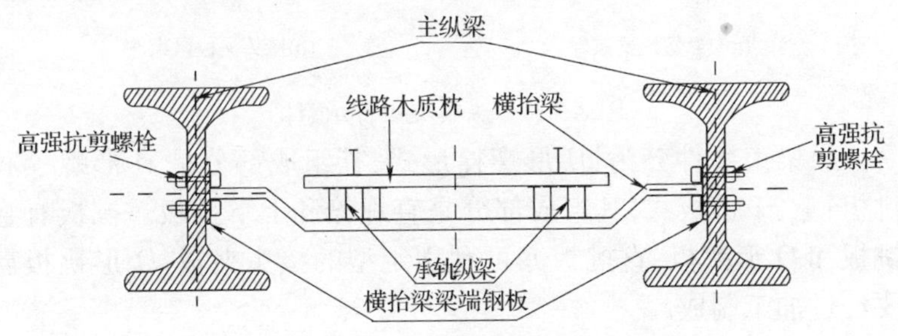

图 2—11 纵梁穿越式侧面图

6. 束 梁 件

(1)纵梁束梁件

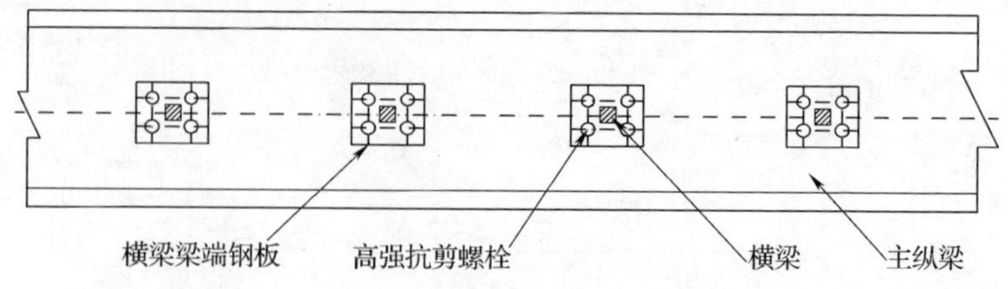

图 2—12　纵梁穿越式正面图

纵梁束梁件(图 2—13)主要用于多根钢轨、工字钢、槽钢组合的工字钢组成的纵梁,用于束紧纵梁,防止纵梁散开,失去整体作用。一般束在纵梁的接近端部处和纵梁中部,一般每侧纵梁使用 3 ~4 组束梁件。束梁件与纵梁体间的空隙、纵梁两端梁体间的空隙,用楔形木块塞满。

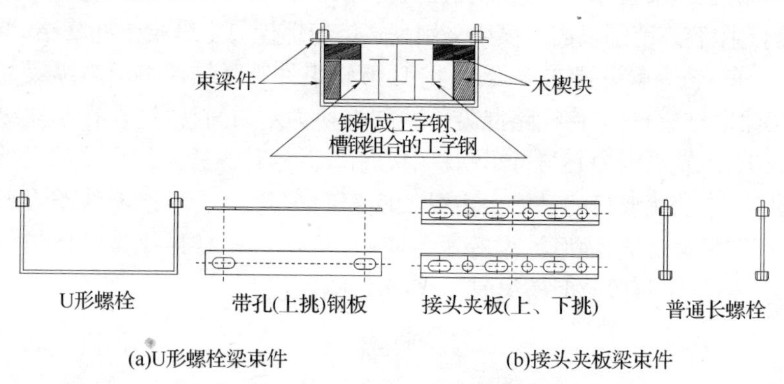

图 2—13　纵梁梁束件示意图

纵梁束梁件分为:U 形螺栓形式,其组成部分是 U 形螺栓和挑板;上、下挑板式,其组成部分是直螺栓和上下挑板。挑板有直挑板和 Ω 形挑板,直挑板亦可利用定型的接头夹板,Ω 形挑板需要经过加工制成。

(2)纵横梁上下束梁件

纵横梁上下梁束件(图 2—14)主要用于多根钢轨、工字钢、槽钢组合的工字钢组成的纵梁,通过上 U、下 U 形束梁件,束紧上、下纵梁与横梁,使上、下纵梁与横梁的联结形成整体,防止纵梁散开或横梁移动,防止横梁间距扩大,形成的受力不均,一般束在每 1 组横梁与上下纵梁的两侧。纵梁两端梁体间的空隙、梁束件与横梁体间的空隙,用楔形木块塞满。

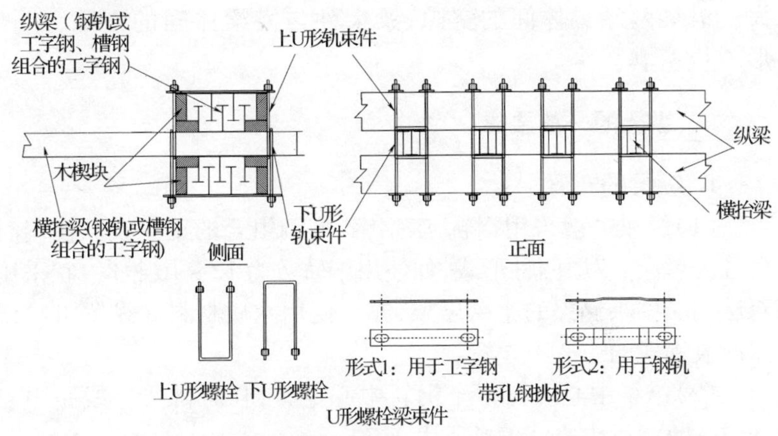

图 2—14 纵横梁上下梁束件示意图

上、下纵梁束梁件分为:U 形螺栓形式,其组成部分是 U 形螺栓和挑板;上、下挑板式,其组成部分是直螺栓和上下挑板。挑板有直挑板和 Ω 形挑板,直挑板亦可利用定型的接头夹板,Ω 形挑板需要经过加工制成。

(3)纵横吊梁束件

纵横吊梁束件(图 2—15),主要用于多根钢轨、工字钢、槽

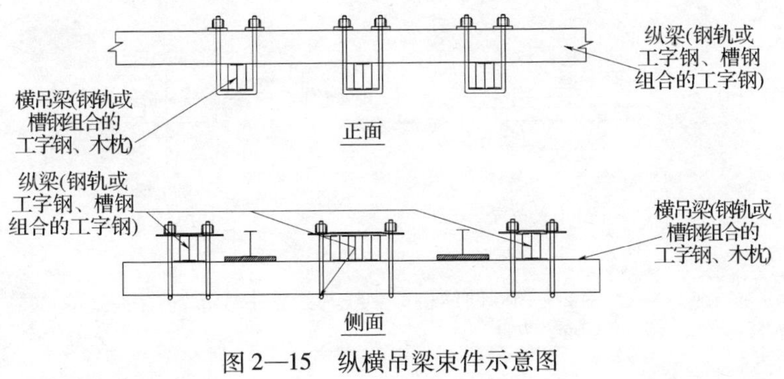

图 2—15 纵横吊梁束件示意图

钢组合的工字钢组成的纵梁，束紧纵梁与横梁的联结，防止纵梁散开或横梁移动，防止横梁间距扩大，造成受力不均，一般束在每1组横梁的两端处。U形梁束件在整个结构中受力最大。纵梁两端梁体间的空隙、梁束件与横梁体间的空隙，用楔形木块塞满。

二、纵梁的一般要求

1. 纵梁的布置

(1)纵梁一般采用钢轨、工字钢、槽钢组合的工字钢。使用时可分为单层、双层两种形式，如使用钢轨数为12～16根时，宜采用双层。一些小涵渠的小跨度梁，亦可使用木质材料。纵梁可在线路两股钢轨的中心下设置。

(2)纵梁中心应与行车钢轨中心重叠，临时桥梁上线路中心线与临时桥梁中心线偏差不大于70 mm。

(3)纵梁亦可设置在线路两侧(轨枕外侧)一定的距离内，两组纵梁的中心距一般不宜超过3.4 m。

(4)单线桥梁在曲线上的布置，为了使桥梁上受力接近均衡，曲线上桥梁中心线(梁的中心线)一般均采用平分中矢(f)或切线布置(图2—16)，视其跨度级由所在曲线半径R确定，见表2—1。

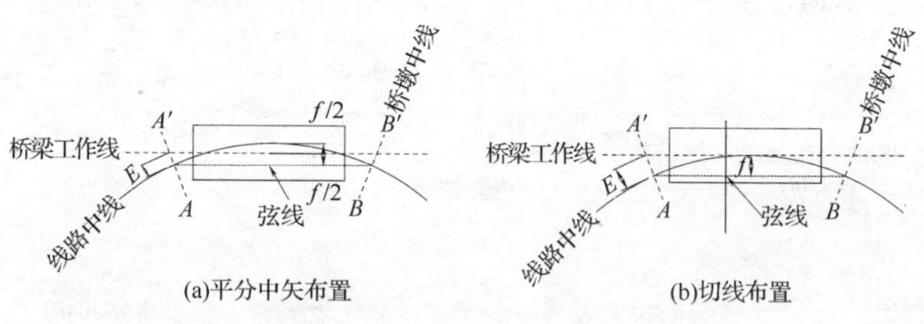

图2—16　曲线桥梁中线与线路中线布置

表 2—1　部分钢筋混凝土梁和预应力混凝土梁在曲线上布置的规定

图　号	跨　度(m)	曲线半径(m)	偏值 E
专桥 1000	2.4～16	$R\geqslant300$	$E=\frac{1}{2}f$
专桥 1001	20	$R\geqslant300$	$E=\frac{1}{2}f$
专桥 1002	20、24	$R\geqslant300$	$E=\frac{1}{2}f$
叁标桥 2017	8～16	$R\geqslant600$	$E=\frac{1}{2}f$ 或 $E=f$
叁标桥 2018	16	$R\geqslant350$	$E=\frac{1}{2}f$ 或 $E=f$
	20	$R\geqslant400$	$E=\frac{1}{2}f$ 或 $E=f$
叁标桥 2019	24	$R\geqslant400$	$E=\frac{1}{2}f$ 或 $E=f$
		$R<400$	必须 $E=\frac{1}{2}f$
	32	$R\geqslant600$	$E=\frac{1}{2}f$ 或 $E=f$
		$R<600$	必须 $E=\frac{1}{2}f$
叁标桥 1022	16	$R\geqslant350$	$E=\frac{1}{2}f$ 或 $E=f$
	8～16	$R\geqslant350$	$E=\frac{1}{2}f$ 或 $E=f$
叁标桥 1023、1023A	4～16	$R\geqslant350$	$E=\frac{1}{2}f$ 或 $E=f$
	20	$R\geqslant400$	$E=\frac{1}{2}f$ 或 $E=f$
叁标桥 1024、1024A	4～20	$R\geqslant600$	$E=\frac{1}{2}f$ 或 $E=f$

注:本表摘录于《铁路工务技术手册桥涵》。

正矢 f 可按下列公式计算:

桥梁位于圆曲线上时　$f=\frac{1}{8R}L^2$

桥梁位于缓和曲线上时 $f=\frac{1}{8RL_s}L^2t$

式中 f——正矢；

L——弦线长；

R——曲线半径；

L_s——缓和曲线长；

t——计算点到直缓点或缓直点的距离。

桥梁位于缓和曲线上时，用跨中相应的换算半径按表 2—1 中规定确定。

桥墩中心位置的确定：等跨和不等跨的桥墩中心，应位于两相邻梁跨中心线的交点上，桥墩横向中心线为相邻两跨中心线交角的平分线。

梁与梁、梁与台之间的最小距离：跨度 $L\leqslant 16$ m 时为 6 cm；跨度 $L\geqslant 20$ m 时为 10 cm；不等跨时采用 10 cm；当不等跨均小于 16 m时，采用 6 cm。临时桥梁两端线路必须锁定。

2. 纵梁的跨度与结构要求

(1)纵梁的跨度要求

① 每根轨下为 1 片工字钢梁时，不宜作连续梁使用在小半径的曲线上。

② 简支梁使用在曲线上时，要加强主梁的联结。

③ 临时桥梁在曲线上时，因离心力及偏心的关系，工字钢梁受力较直线大，梁跨中心线与线路中心线间偏心最大不宜超过 6 cm，其最大容许跨度应减少 5% 。

④ 使用钢轨作束梁时，测量其每根钢轨轨头垂直磨耗，按明确的垂直磨耗后的截面系数 W 计算跨度；若不明确垂直磨耗后的截面系数 W 时，按钢轨轨头垂直磨耗在 5 ~ 9 mm 时，应减少跨度 10% ，钢轨轨头垂直磨耗超过 9 mm 时，应减少跨度 20% 。

(2)梁部结构

铁路临时桥梁梁部结构类型见表 2—2。

表 2—2　铁路临时性桥梁梁部结构类型表

<table>
<tr><th colspan="3">梁部类型</th><th>适用跨度(m)</th><th>优　点</th><th>缺　点</th></tr>
<tr><td colspan="3">扣轨梁</td><td>≤6.7,一般用于5 m以下</td><td>结构简单,拼架方便</td><td>跨度小,用料多,挠度大</td></tr>
<tr><td rowspan="2">工字钢梁</td><td colspan="2">单层</td><td>6.4~12.7</td><td>结构简单,拼架方便</td><td>横向抵抗力较弱</td></tr>
<tr><td colspan="2">双层</td><td>17~23.6</td><td>适应跨度稍大</td><td>拼架不便,用钢料较费</td></tr>
<tr><td colspan="3">D 型便梁</td><td>12~24</td><td>适合中小跨度梁抢修,使用建筑高度低的既有桥梁换架</td><td>必须整孔换架</td></tr>
<tr><td rowspan="3">拆装式桁梁</td><td colspan="2">普通桥梁钢</td><td>16~64</td><td rowspan="3">适合大跨度梁抢修,杆件本身互换性强,对跨度和建筑高度的适应性强,挠度较小,也可作半永久性结构</td><td rowspan="3">必须整孔架设,架梁设备较复杂,构件、配件种类多</td></tr>
<tr><td rowspan="2">低合金钢</td><td>单层</td><td>12~52</td></tr>
<tr><td>双层</td><td>56~80</td></tr>
<tr><td rowspan="4">六四式铁路军用梁</td><td rowspan="2">普通型</td><td>单层</td><td>16~24</td><td rowspan="4">杆件互换性强,为多片结构,销接组装,可分片或整孔拼组、架设</td><td rowspan="4">挠度较大,拼组桥面较费时</td></tr>
<tr><td>双层</td><td>24~40</td></tr>
<tr><td rowspan="2">加强型</td><td>单层</td><td>16~30</td></tr>
<tr><td>双层</td><td>22~44</td></tr>
<tr><td rowspan="3">八七型铁路应急抢修钢梁</td><td colspan="2">上承式</td><td>40~64</td><td rowspan="3">适合大跨度梁抢修,能适应各种建筑高度</td><td rowspan="3">必须整孔架设,架梁设备较复杂</td></tr>
<tr><td colspan="2">半穿式</td><td>40~56</td></tr>
<tr><td colspan="2">穿式</td><td>64~96</td></tr>
<tr><td colspan="3">可用钢板梁(提速改造更换下来的)</td><td>8~32</td><td>适合中小跨度梁抢修,无需组装,调运方便,抢修速度快</td><td>必须整孔换架</td></tr>
</table>

注:本表摘录于《铁路工务技术手册　防洪》。

(3)梁跨挠度要求

梁跨的挠度容许值见表 2—3。

表 2—3 梁跨挠度容许值

梁 别	类 型	挠度与跨度之比	备 注
临时性抢险梁	工字钢及板梁	参考挠度 1/500	数据摘录于《铁路工务技术手册桥涵》
	桁 梁	参考挠度 1/650	
	钢轨束梁	容许挠度 1/300	数据摘录于《铁路工务技术手册防洪》
	工字钢梁	容许挠度 1/400	
	钢轨束梁	容许挠度 1/300	数据摘录于 2006 版《铁路工务安全规则》
	工字钢梁	容许挠度 1/400	
	D 形施工便梁	容许挠度 1/400	

注:执行 2006 版《铁路工务安全规则》的容许挠度。

3. 纵梁的联结

(1)梁与梁的联结

① 钢轨束纵梁:一般采用 2 根或多根一束,在两股钢轨束梁的束梁件处,用钢丝绳(或镀锌铁线)和双钩螺栓与其连接,将双钩螺栓绞紧,使两股钢轨束梁相互联结,不让其分离。

② 工字钢纵梁:一般采用单片或多片组合,在使用单片或多片工字钢束梁时,用长螺栓联结或束梁件将钢轨紧紧束在一起,形成一股。两股钢梁联结,在使用单片时,可用较长的钢筋螺栓在工字钢梁的腰部(至少 3 处)联结固定;使用多片工字钢时,可用较长的钢筋螺栓在工字钢梁的腰部(至少 3 处)联结固定。

③ 槽钢组合式工字钢纵梁:两片槽钢组合形成工字钢形,并在槽钢中轴线处用螺栓联结成工字钢型的整体,两片组合为单片工字钢。多片工字钢组合成一股纵梁时,用梁束件将工字钢紧紧束在一起,用较长的钢筋螺栓在工字钢梁的腰部(至少 3 处)联结固定。

(2)梁与墩的联结

桥墩一般使用木质枕或钢筋混凝土墩桩。纵梁与桥墩的固定,使用木质枕做墩时,用道钉与垫枕联结。小跨度梁的钢筋混凝土墩桩顶部可用木质枕做支座垫枕时,可使用道钉与木质枕垫枕联结。大跨度梁的钢筋混凝土墩桩顶部应预埋铁板和螺栓,用铁质或橡胶材料做支座时,使用螺栓联结。

三、横 抬 梁

1. 横抬梁的一般要求

(1)横抬梁一般采用钢轨、工字钢、槽钢、木质轨枕、钢枕等材料,横抬梁长度尽可能控制在 4.2 ~4.6 m 之间,一般不宜大于 4.6 m。

(2)横梁跨度一般不宜超过 3.4 m;横梁之间的中心距一般不宜大于 0.6 m。

2. 横抬梁与纵梁的联结

(1)使用钢轨时,一般采用 2 ~3 根一组。横抬梁可用镀锌铁丝捆扎或用 U 形螺栓、挑板束紧。横抬梁与梁的联结,可使用镀锌铁丝与纵梁联结,或用 U 形螺栓、挑板与纵梁联结。

(2)采用工字钢时,一般采用 2 片一组,横抬梁可用镀锌铁丝捆扎或用 U 形螺栓、挑板束紧。横抬梁与梁的联结,可使用镀锌铁丝与纵梁联结,或用 U 形螺栓、挑板与纵梁联结。

(3)采用槽钢时,采用 2 片槽钢组合成 1 片工字钢,用螺栓在中性线处联成整体。槽钢做横抬梁,一般采用槽钢组合成 2 片的工字钢,另用长螺栓在中性线处联成整体。用 U 形螺栓、挑板与纵梁联结。

(4)使用木质轨枕时,一般采用 1 ~2 根一组,根据检算确定木枕的净距。可使用镀锌铁丝与纵梁联结,或用 U 形螺栓、挑板与纵梁联结。

第二节　临时桥梁的支承

一、枕木支承

在铁路遇到灾害时，恢复通车较快捷的临时桥梁支承（即桥台、桥墩）是枕木垛，枕木垛采用既有普通新木质枕或可再用的木质枕。铁路线路上常用的木质枕（图2—17），有普通木枕、道岔木枕、桥梁木枕。铁路常用的木质枕木尺寸见表2—4。

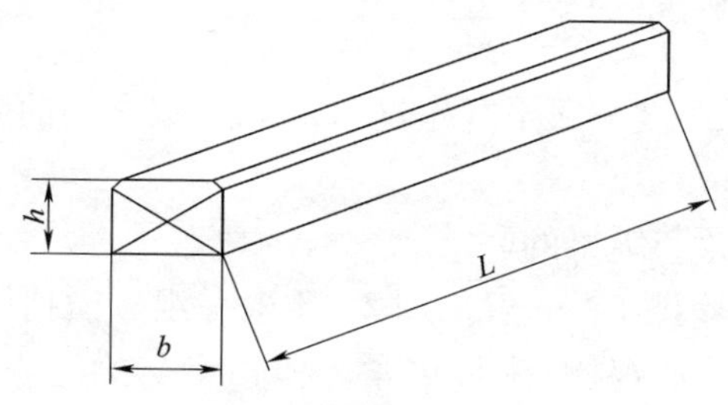

图2—17　木质枕尺寸示意图

表2—4　铁路常用的木质枕木尺寸表

类　别		b(cm)	h(cm)	L(cm)
普通木枕	Ⅰ级	22	16	250
	Ⅱ级	20	14.5	250
道岔木枕		24	16	260～485
桥梁木枕		20～24	22～30	300～340

二、支承形式

搭设枕木垛是抢险救灾最快捷的方案。木枕垛高度较高时，需要的材料较多，费时、费材、费人；因此，搭设临时桥梁的木质材料桥墩、桥台时，一般都是在无流水或少量流水地段使用，采用较低高度的木枕垛。在搭设时，应考虑的是安全、牢固、整体性能好，枕木垛的木枕应尽可能地保持原状、原长度，并尽可能的回收，便于今后再利用。

1. 枕木垛桥墩搭设式样

(1)1 ~ 20 层枕木垛桥墩搭设

1 ~ 20 层枕木垛桥墩搭设，底层密铺，底层至 20 层均可按 2.5 m × 2.5 m 搭设，亦可根据需要，确定长、宽尺寸，同时注意设备复旧的尺寸和新建建筑物的尺寸，见图 2—18。

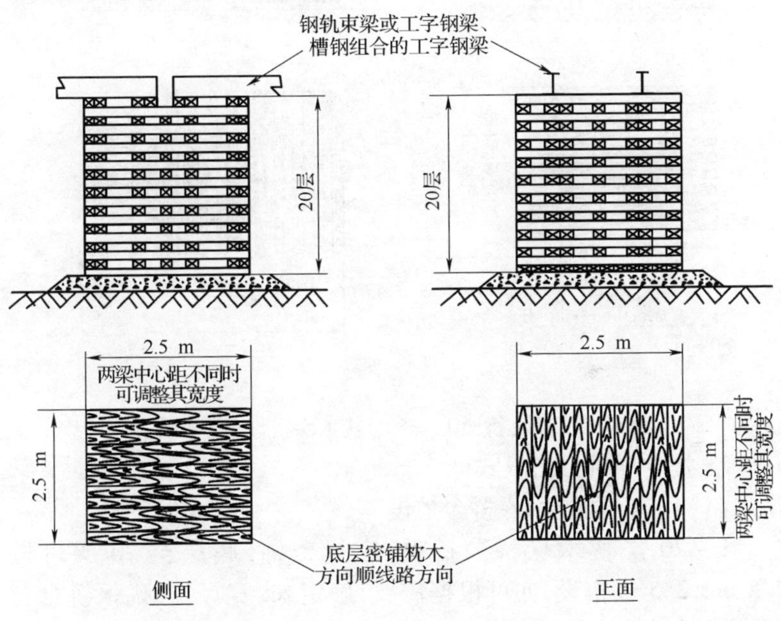

图 2—18 桥墩 1 ~ 20 层枕木垛搭设示意图

(2)1 ~ 38 层枕木垛桥墩搭设

1 ~ 38 层枕木垛桥墩搭设，底层密铺，1 ~ 19 层按底层宽度搭设，20 ~ 38 层可按 2.5 m × 2.5 m 搭设，见图 2—19。上、下层枕木垛的宽度亦可根据需要确定长、宽尺寸。

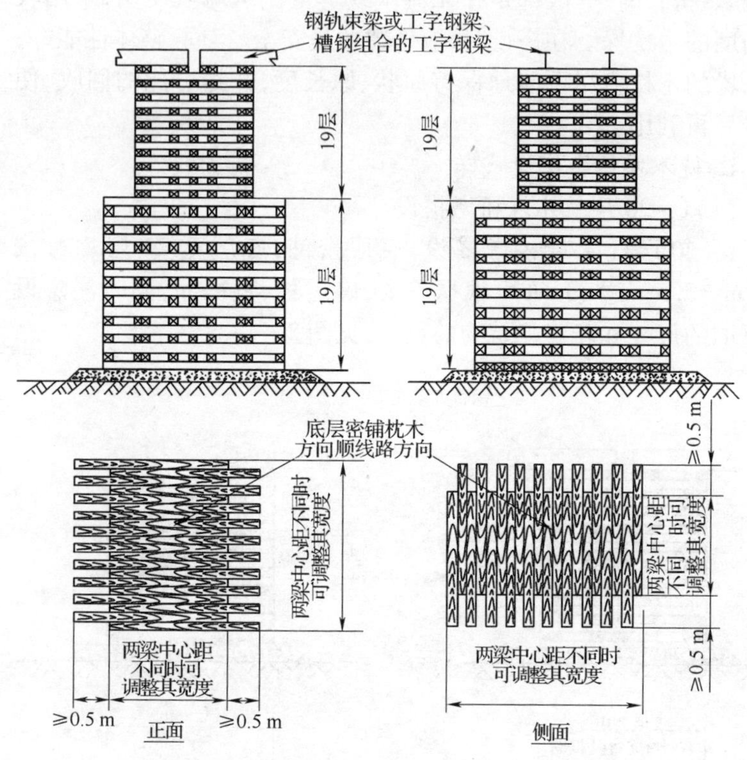

图 2—19　桥墩 1 ~ 38 层枕木垛搭设示意图

2. 枕木垛桥台搭设式样

(1)1 ~ 20 层枕木垛桥台搭设

1 ~ 20 层枕木垛桥台搭设,底层密铺,底层至 20 层可按 2.5 m × 2.5 m 搭设,亦可根据需要,确定长、宽尺寸,确保桥台背后填土后,“锥体”线达到 1∶1的坡度,见图 2—20。

(2)1 ~ 38 层枕木垛桥台搭设

1 ~ 38 层枕木垛桥台搭设,底层密铺,1 ~ 18 层按底层宽度搭设,19 ~ 38 层可按 2.5 m × 2.5 m 搭设。上、下层枕木垛的宽度可根据需要,确定长、宽尺寸,确保桥台背后填土后,“锥体”线达到 1∶1的坡度,见图 2—21。

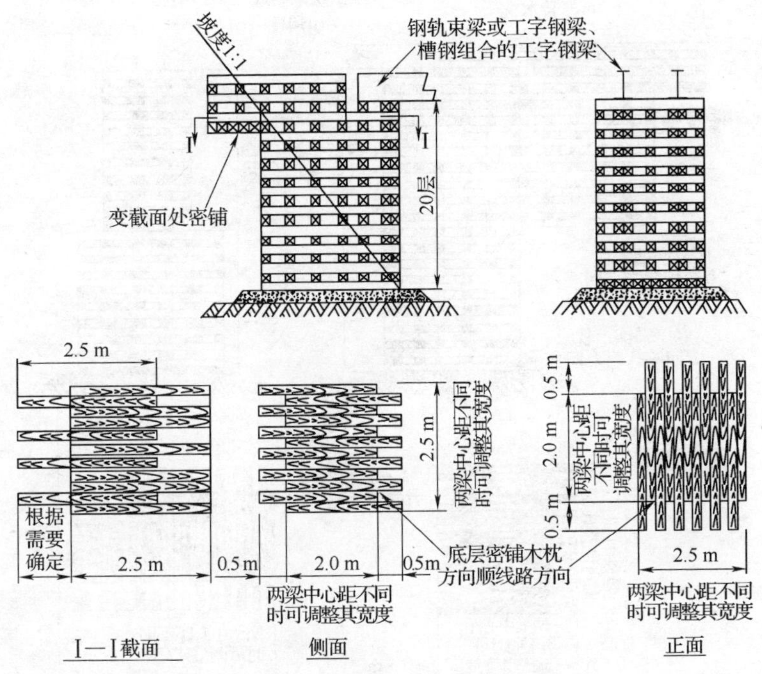

图2—20　桥台1～20层枕木垛搭设示意图

3. 桥跨中部龙门架搭设式样

桥跨中部龙门式支承架(图2—22)的使用,一般是跨中挠度值较接近容许值时,或临时桥梁的墩、台基底边缘被流水冲空,或基底密实度差、受荷载作用下,桥墩、桥台的基底边缘陷沉,造成跨度增大,为增强临时桥梁的稳定等情况下使用;若在不影响施工的空间时,亦可在跨中设置小尺寸枕木垛支承。

4. 枕木垛搭设要求

(1)枕木垛基底要求

① 枕木垛基底要平整、坚实,松软地基应铺垫碎石并夯实、或用砂袋加固。基础各边应比枕木垛宽出0.5～1.0 m。有水和可能来水的地方,必须先筑捣,防止水冲空枕木垛。

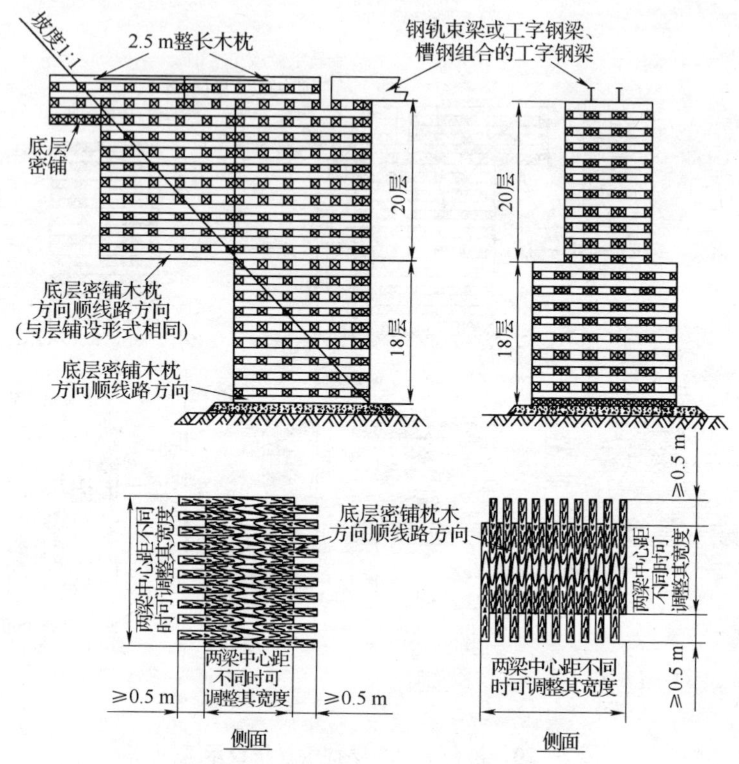

图 2—21　桥台 1～38 层枕木垛搭设示意图

② 有较大流水冲刷的基底，应抛填片石筑垒，基础四周应做好，防基底冲刷、片石垛坍落的措施。

(2) 枕木垛搭设要求

① 枕木垛的高度一般最好在 10 m 以下。枕木垛搭设不宜太高，容易受风的影响，在列车的荷载、速度引起的冲击力下，枕木垛容易晃动。

② 保证人、畜、车辆的通行，亦不能影响小流量的洪水排泄。

③ 枕木垛的铺设，底层应选用较好的木枕铺底，最底层的木枕应顺着线路方向，使临时桥梁在受力时，底层木枕受力较均匀。若底层木枕垂直于线路铺设，在临时桥梁受力后，最靠近“计算跨

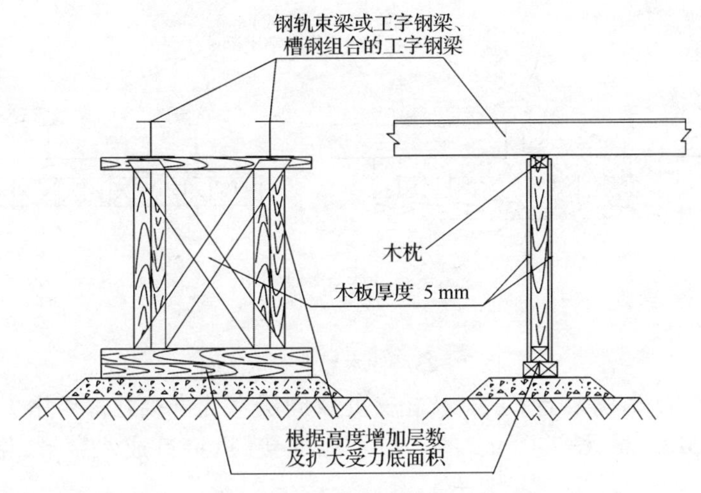

图 2—22　梁跨中龙门架示意图

度”边缘的 1 根木枕容易在受力后，地基压陷；或遇洪水冲刷后，第 1 根枕较容易出现悬空、失效，底层受压面积减小，压强增大；且不容易修复填充密实，久而久之将会影响到第 2 根或第 3 根，使桥梁跨度增大、整个支承下沉。

④ 搭设前，应先计算设计高度，每层预留 1～3 mm 的预留量。最底层的木枕应顺着线路方向，若计算为单数时，要确保顶层木枕与纵梁垂直，顶层木枕应与下一层叠成双层铺设，靠桥跨端必须 2 根木枕紧并（图 2—23）。若计算为双数时，顶层木枕正好与纵梁垂直，靠桥跨端必须 2 根木枕紧并（图 2—23）。如果在顶层木枕平卧时，不能满足纵梁高度，可将木枕立置；如再不能满足纵梁高度，可用厚 5 mm 木板铺垫，其宽度不小于 150 mm、长度要长于纵梁边缘各加 100 mm。

⑤ 木枕间的空隙，应用厚度 5～15 mm、长度 150 mm、宽度 100 mm 的木板垫平、垫实。若需垫 2 块及以上时，必须用铁钉直接与木枕钉联。

⑥ 木枕接长，每端至少搭接 0. 5 m，两根木枕对接时，需在外侧加一块帮木，见图 2—24。

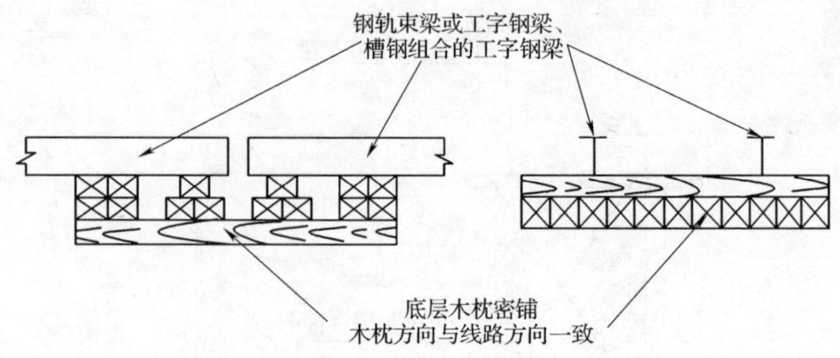

图 2—23　枕木垛迭置示意图

⑦ 木枕架上下层木枕相交处及同层木枕搭接处都要用 1 ~ 2 根 ϕ12 mm、长 240 mm 的扒钉互相连接，扒钉钉成八字形，见图 2—24。

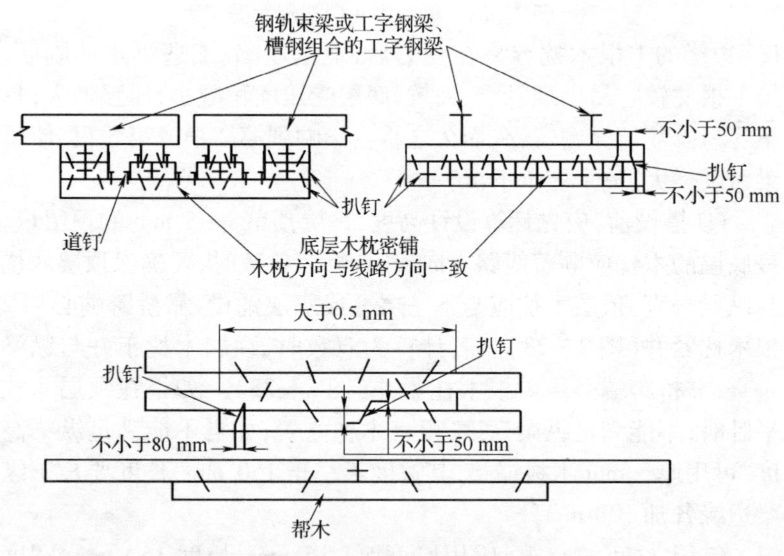

图 2—24　木枕搭接示意图

⑧ 枕木垛上下层纵、横搭迭处两侧应用道钉钉固，防止木枕移动。

⑨ 枕木垛的方向尽可能的达到正交、斜交时，交角不得超过

20°。

(3)桥台枕木垛要求

桥台后需要填土时,应先在枕木垛中填石料,增加桥台的抗滑动能力。防止泥土渗水后,加大了土的倾泻推力,造成桥台位移;同时防止桥台背的填土受雨水冲刷,造成泥土流失,影响桥台后的线路稳定。

(4)桥台后连接的线路要求

临时桥梁两端线路各 30 m 范围内的道床应用碎石铺设,道床厚度尽可能满足 450 mm,道床饱满,并锁定两端线路。

第三节　临时桥梁的跨度确定

抢险救灾时,临时桥梁的跨度、孔数应考虑滞留的洪水排泄和设备复旧所需要的跨度、净高。设备大修、更新改造、增设设备等施工时,临时桥梁的跨度、孔数应考虑设备设计的尺寸所需要的跨度、净高,并满足道路的交通、行人、通信、信号的电缆电线的安全。

临时桥梁使用的材料,应能够达到力所能及的跨度极限,设计的临时桥梁,理论上应满足挠度、刚度的要求。桥墩、桥台要稳固、整体性能强,保证设计的临时桥梁的跨度始终不变,确保行车安全。

临时桥梁的实际计算跨度,应考虑修建物的尺寸,有效的使用桥梁跨度,充分的利用跨度空间进行施工。

1. 使用钢轨束梁和木枕垛

(1)需要架设多孔梁,又不影响施工空间

在满足梁缝的要求前提下,两木枕垛顶端靠跨度方向处的两根垫梁木枕,可距墩、台边缘 25 ~30 cm 铺设,其计算跨度则是两垫梁木枕的内侧距离。

(2)既需架设单孔,又需要施工空间

由于钢轨束梁容许跨度较小,两木枕垛顶端的靠跨度方向处的两根垫梁木枕,必须与木枕垛内侧平齐,其计算跨度则是两垫梁木枕的内侧距离。

因为,在临时桥梁承受荷载后,桥跨的中部下挠,临时桥梁的两端会微微上挠,这时可见支承点就在两内侧支承枕的边缘。由此可见,必须使木枕垛的底层密铺,底层木枕的铺设方向必须与纵梁方向一致。这样,梁跨的空间才能充分利用。

2. 使用工字钢及工字钢束梁或桁梁和木枕垛

由于工字钢梁容许跨度大,在满足梁端缝的要求和满足支座位于梁端处 25 ~30 cm 的要求后,两木枕垛顶端靠跨度方向处的两根垫梁木枕,可略往木枕垛中心方向靠,其计算跨度则是两垫梁木枕的内侧距离。

第三章　临时桥梁的安全计算

第一节　设 计 荷 载

一、活　　载

活载(即列车荷载),列车由机车和车辆组成,机车车辆类型很多,轴重轴距各异,为简化计算,常根据机车车辆轴重轴距对桥梁的不同影响拟定一种代表性的列车荷载,我国目前采用的是“中—活载”,见图3—1。

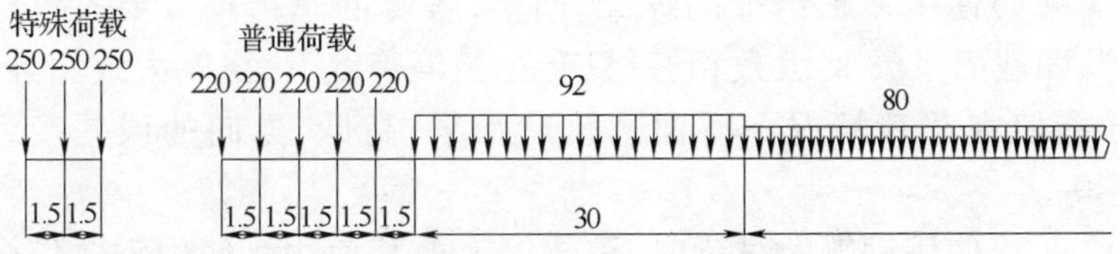

图3—1　中—活载图(长度单位:m;车轴重力单位:kN)

二、恒　　载

1. 材料重量

主要是纵梁的自身重,如钢轨、工字钢、或替代工字钢的槽钢重量。

2. 配件重量

主要是横抬梁重量,既有线行车钢轨、轨枕的重量,还有铁垫板、道钉、束梁件等重量。

三、风 荷 载

由于要求临时桥梁搭设的高度不宜太高,故风荷载忽略不计。

第二节　临时桥梁的安全

一、使用材料的安全

1. 使用钢轨材料

(1)钢轨材料必须是国家认可的、厂家生产的标准型材，钢轨计算数据要清晰、明确(用作计算强度的截面系数 W、弹性惯性矩 I)。

(2)使用钢轨做纵梁时，应考虑钢轨的头部磨耗程度，若有磨耗钢轨截面的数据，则按实际磨耗的钢轨截面计算，设置临时桥梁的跨度。若没有磨耗钢轨截面的数据，则按新钢轨计算，得出临时桥梁跨度后，并适当的减小跨度；按钢轨头部磨耗在 5 ~9 mm 时，减少跨度 10%；钢轨头部磨耗超过 9 mm 时，减少跨度 20%。

(3)使用多根组成的纵梁、横梁，各侧的总磨耗量要大致相等，即截面系数 W 大致相等，只有在相等跨度下，挠度大致相等，才能使在载荷情况下桥面的轨道水平、高低、方向的误差接近相等。

(4)使用钢轨做纵梁时，重伤钢轨严禁使用。使用钢轨作横梁时，钢轨头部、钢轨底边缘、腰部锈蚀严重的严禁使用。

(5)纵梁、横梁使用的材料及受力的束梁件材料必须通过安全、稳定检算。

2. 使用工字钢材料

纵梁使用的材料必须是抗拉、抗压、抗剪、抗变形强度较高的匀质材料，必须是国家认可的、厂家生产的标准型材。使用再用板梁及工字钢梁应符合表 3—1 的要求。

表 3—1　板梁及工字钢梁伤损容许限度

伤 损 类 型	容 许 限 度
上下平顺弯曲	弯曲矢度不小于跨度的 1/1 000
左右平顺弯曲	弯曲矢度不小于自由长度的 1/500，并在任何情况下，不超过 20 mm

续上表

伤 损 类 型	容 许 限 度
盖板在翼缘角钢以外的弯曲 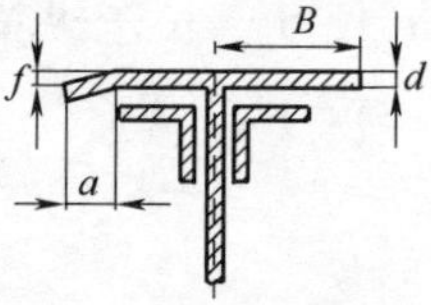	$f < d$ 或 $a < \frac{B}{4}$,其中,d 为钢板或板束的厚度;B 为由腹板至盖板边缘的宽度
盖板上有洞孔,但边缘无伤损	洞孔小于 30 mm
腹板上有洞孔	工字钢的洞孔小于 50 mm,板梁小于 80 mm,边缘需完好
腹板拉力部位有弯曲,但无裂纹及劈裂	凸出部位直径小于断面高度的 0.2 倍或深度不大于腹板厚度
腹板拉力部位有弯曲,但在压力部位	凸出部位直径小于断面高度的 0.1 倍或深度不大于腹板厚度

3. 支垫材料

支垫(木枕、木料、橡胶类等)材料的强度要能承压、不易压陷、不易破损,刚度要能抗变形、不易弯曲。使用木质材料做纵梁、横梁时,有节眼的、腐朽失效的严禁使用。

4. 其他材料

轨束件材料的零配件(钢板、螺栓等)材料、其他材料,必须是国家认可的、厂家生产的合格材料和标准件。

二、临时桥梁的整体性安全

1. 梁结构的整体性安全

多根钢轨、多片工字钢、多片槽钢组合的工字钢,所形成纵梁要束紧、整体性要好、不易松散、刚度强、不易变形,束梁件要牢固,束梁时要紧固、不易变形、不易被破坏。

2. 支垫安全

支垫的底层要密铺、平整,联结整齐、稳定、牢固。支垫之间、层与层之间联结整齐、稳定、牢固,不宜有空隙、不易松散、滑落。

3. 支座安全

支座选用木质枕时，应选用材质均匀、硬度较强的木枕，并将2根木枕并排密靠；选用金属材质时，应选用材质均匀、硬度较强的金属材料，且底部尺寸的宽度不小于150 mm、长度要长于纵梁边缘各加100 mm。

三、结构外形尺寸安全

1. 临时桥梁设计的跨度

根据需要和所使用的材料而设计，设计结果的跨度，即最大容许跨度，严格按《铁路工务安全规则》附录三"各种类型临时钢梁主要尺寸和适用行车条件"的规定执行。

2. 临时桥梁上的纵梁及束梁件

高出轨面时的规定，按《铁路工务安全规则》第2.6.6条、第2.6.7条允许值执行，见图3—2。

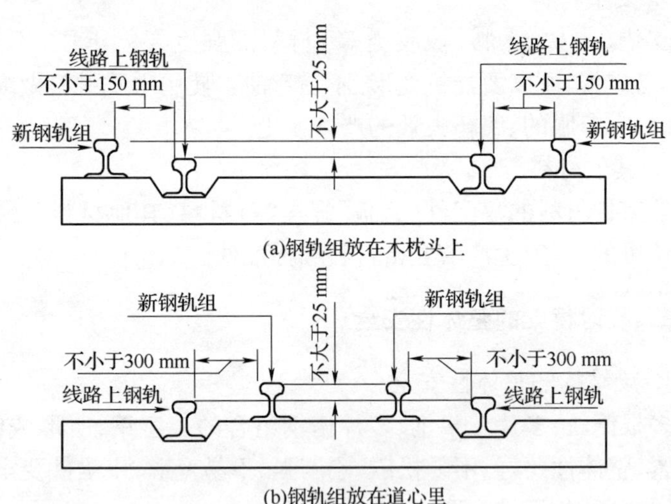

图3—2　纵梁及束梁件的限界图

3. 临时桥梁的限界

严格按《铁路技术管理规程》附图1"建筑限界"的规定执行。

四、线路安全

1. 临时桥梁上的线路

临时桥梁上的线路几何尺寸按《铁路线路修理规则》第 6. 2. 1 条线路轨道静态几何尺寸容许偏差值中的“其他站线”的作业验收标准执行。

轨距容许值: +6 mm, -2 mm;

水平容许值:5 mm;

方向容许值:5 mm;

高低容许值:5 mm;

三角坑容许值:5 mm。

消灭行车钢轨底与横梁间的空隙、消灭横梁底与纵梁间的空隙、消灭纵梁与纵梁间的空隙、消灭桥墩、桥台枕木垛的枕木之间的空隙。

2. 临时桥梁桥台两侧线路

临时桥梁的桥台与线路相连的 30 m 范围内,路基边填土边夯实、道床的道砟厚度应满足 45 cm,道床饱满;桥台的两侧线路的几何尺寸按《铁路线路修理规则》第 6. 2. 1 条线路轨道静态几何尺寸容许偏差值中的“其他站线”的作业验收标准执行。

轨距容许值: +6 mm, -2 mm;

水平容许值:5 mm;

方向容许值:5 mm;

高低容许值:5 mm;

三角坑容许值:5 mm。

顺坡率:桥台两侧的 30 m 范围内的线路,尽可能地与桥面轨顶平;30 m 外的线路与桥上线路的顺坡,按《铁路线路修理规则》第 4. 4. 5 条起道作业收工时,顺坡率应满足“允许速度不大于 120 km/h的线路不应大于 2. 0‰”。

五、临时桥梁的维护安全

1. 临时桥梁维护安全要求

24 小时有专人看守、维护，必须做到每趟车一检。

2. 检查内容

（1）临时桥梁的下部，桥台、桥墩的枕木垛底层有无下沉、冲空及枕木垛的稳定；纵梁的束梁件、两纵梁的连接、纵梁底与桥台、桥墩间的状况、横梁与纵梁间的状况、钢轨底与横梁的状况。

（2）临时桥梁的上部，行车钢轨与轨枕（木横梁）的框架联结，轨道的几何尺寸，线路中心与临时桥梁中心的状况。

（3）临时桥梁与线路的连接，轨道的几何尺寸，道床的饱满程度，桥台与桥上线路的顺坡率状况。

（4）各部位的各种联结螺栓状况等。

3. 养护内容

各种联结螺栓的拧紧，扒钉的补牢，木枕垛木枕间缝隙补塞木板，轨道几何尺寸的改正、垫平，保证桥头处轨顶的顺坡，补充桥头道砟、保持道床饱满等。

第三节　计 算 模 式

一、纵梁的计算模式

根据南昌铁路局工务处 1979 年编写的《铁路工务技术手册防洪》中所述，将临时桥梁的纵梁结构视为简支梁，按均布荷载计算模式，将挠度及应力分别计算，再按两者求出的最小跨度加以比较，取最小值。

挠度 $f=\frac{5KL_{\mathrm{p}}^{4}}{384EI}\leqslant\frac{L_{\mathrm{p}}}{250}$

容许挠度 $[f]=\frac{L_{\mathrm{p}}}{250}$

跨度 $L_{\mathrm{p}}^{3}=\frac{384EI}{5\times250K}$

弯曲力矩 $M=[P+(1+0.5\mu)K]\frac{L_p^2}{8}$

其中,$\mu=\frac{27}{30+\lambda}$,$\lambda=L_p$

限速时,$M=[P+(1+0.5\upsilon\mu)K]\frac{L_p^2}{8}$

其中,$\upsilon=\frac{v}{v_{kp}-v}$,$v_{kp}=\frac{125v}{L_p}+15$,但最高速度不得大于80 km/h。

容许弯曲力矩:$[M_{max}]\leqslant[\sigma]W$

$$W=\frac{I}{y}$$

式中 L_p——临时桥梁跨度;

K——列车折算均布活载;

P——集中荷载;

μ——不限速时的冲击系数;

υ——限速时的冲击系数的折减率;

v——列车容许通过临时桥梁的时速;

v_{kp}——机车临界速度;

E——弹性模量;

W——截面模量;

I——弹性惯矩;

y——重心至相应边的距离;

$[\sigma]$——容许应力。

二、横抬梁的计算模式

纵横式轨束梁临时桥梁可以考虑用上承式桥梁,明桥面桥枕的计算方法,将横抬梁看成是桥枕,纵梁看成是上承式桥梁来进行计算。

1. 桥枕的近似计算方法

桥枕承受载重情况,理论上可把行车钢轨作连续梁,桥枕作为行车钢轨的弹性支座看待，每个轮重分配到左右多根桥枕上，近轮轴处桥枕承受较大载重，愈远愈小，见图 3—3。轮重分配于桥枕的根数及桥枕受力的大小与钢轨及桥枕的刚度，桥枕排列的疏密及主梁的间距有关。

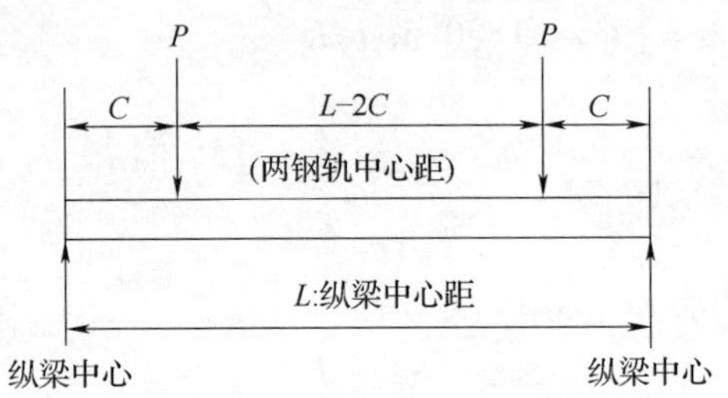

图 3—3　横抬梁受力简图

明桥桥枕铺设在钢梁上是用钩螺栓与纵梁上翼相连接的，桥枕受力存在两种情况，一是当钩螺栓松弛时；二是当钩螺栓拧紧时。临时桥梁采用横抬梁形式时，采用第一种钩螺栓松弛时的形式来考虑，桥枕计算式可按简支梁考虑（图 3—4），其要点是近似地由钢轨与枕木受荷载产生的挠曲及挠度来计算，即行车钢轨作用处桥枕的挠度与同一处行车钢轨的挠度相同。

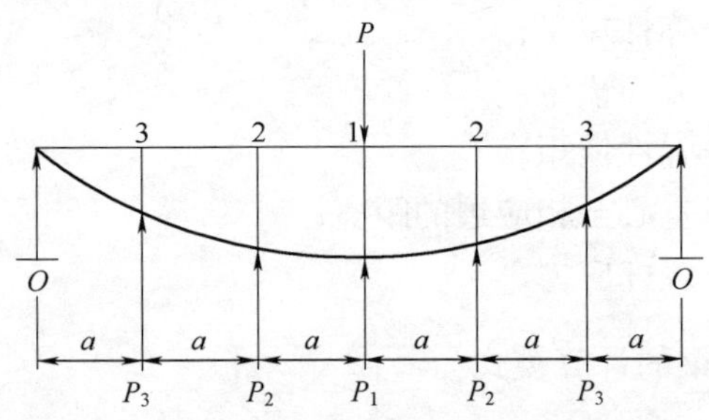

图 3—4　横抬梁弯矩图

假设每个轮重纵向分布在多根桥枕上，P 为轮重；P_1、P_2、…、P_4 为分配在各根桥枕上的载重；$P_1+2P_2+\cdots+2P_4=P$，C 为纵梁（或主梁）中心至临近行车钢轨的距离。

2. 桥枕的挠度 δ_B 计算

每根桥枕作为支承在纵梁（或主梁）上的简支梁。

桥枕 1 挠度 $\delta_{B_1}=\dfrac{1}{6E_w\cdot I_w}P_1\times C^2\times(3L-4C)$

桥枕 2 挠度 $\delta_{B_2}=\dfrac{1}{6E_w\cdot I_w}P_2\times C^2\times(3L-4C)$

桥枕 3 挠度 $\delta_{B_3}=\dfrac{1}{6E_w\cdot I_w}P_3\times C^2\times(3L-4C)$

桥枕 4 挠度 $\delta_{B_4}=\dfrac{1}{6E_w\cdot I_w}P_4\times C^2\times(3L-4C)$

各桥枕对桥枕 1 的相对挠度为

$$\delta_{B_1}-\delta_{B_2}=\frac{1}{6E_w\cdot I_w}C^2(3L-4C)(P_1-P_2)$$

$$\delta_{B_1}-\delta_{B_3}=\frac{1}{6E_w\cdot I_w}C^2(3L-4C)(P_1-P_3)$$

$$\delta_{B_1}-\delta_{B_4}=\frac{1}{6E_w\cdot I_w}C^2(3L-4C)(P_1-P_4)$$

式中　δ_B——桥枕的挠度；

E_w——桥枕的弹性模量，$E_w=9\text{GPa}$（或 $9\times10^4\text{kgf/cm}^2$）；

I_w——桥枕的弹性惯矩，$I_w=\dfrac{1}{12}b\cdot h^3(\text{mm}^4)$；

L——横梁跨度；

C——行车钢轨中心距横梁端部距离。

3. 行车钢轨挠度 f 的计算

行车钢轨承受载重后所产生挠度差数可以把它假定为固定于 1 点的悬臂梁，而在 2、3、4 点受 P_1、P_3、P_4 集中载重所引起的挠度来计算。

2 点挠度　　$f_2=\dfrac{a^3}{6E_p\cdot I_p}(8P_4+5P_3+2P_2)$

3 点挠度　　$f_3=\dfrac{a^3}{6E_p\cdot I_p}(28P_4+16P_3+5P_2)$

4 点挠度　$f_4 = \frac{a^3}{6E_p \cdot I_p}(54P_4 + 28P_3 + 8P_2)$

式中　f——行车钢轨的挠度；

E_p——桥钢轨的弹性模量，$E_p = 210\text{GPa}$（或 $2.1 \times 10^6\ \text{kgf/cm}^2$）；

I_p——钢轨的弹性惯矩（mm^4）；

a——桥枕中心距。

4. 作用力 P 的分配计算

因为同一点钢轨与木枕挠度相等，故

$$f_4 = \delta_{B_1} - \delta_{B_4}$$

$$f_3 = \delta_{B_1} - \delta_{B_3}$$

$$f_2 = \delta_{B_1} - \delta_{B_2}$$

由此计算得

$$P_1 - P_4 = \frac{a^3 E_w I_w}{E_p I_p C^2 (3L - 4C)}(54P_4 + 28P_3 + 8P_2) = k(54P_4 + 28P_3 + 8P_2)$$

$$P_1 - P_3 = \frac{a^3 E_w I_w}{E_p I_p C^2 (3L - 4C)}(28P_4 + 16P_3 + 5P_2) = k(28P_4 + 16P_3 + 5P_2)$$

$$P_1 - P_2 = \frac{a^3 E_w I_w}{E_p I_p C^2 (3L - 4C)}(8P_4 + 5P_3 + 2P_2) = k(8P_4 + 5P_3 + 2P_2)$$

$$P = P_1 + 2P_2 + 2P_3 + 2P_4$$

(1)如果 $1 - 18k + 3k^2 > 0$ 解得 $k < 0.056$ 时，则一个轮重的作用力分布在 7 根枕木上。若分配在 7 根枕木上，P_4 必大于 0 时，此情况下，计算的 P_1、P_2、P_3、P_4 值方可使用。各根枕木的受力分配为

$$P_1 = \frac{1 + 72k + 131k^2 + 26k^3}{7 + 196k + 193k^2 + 26k^3} \times P$$

$$P_2 = \frac{1 + 57k + 46k^3}{7 + 196k + 193k^2 + 26k^3} \times P$$

$$P_3 = \frac{1+23k-18k^3}{7+196k+193k^2+26k^3} \times P$$

$$P_4 = \frac{1-18k+3k^3}{7+196k+193k^2+26k^3} \times P$$

(2)如果 $1-3k>0$ 解得 $\frac{1}{3}>k>0.056$，则一个轮重的作用力分布在 5 根枕木上。若分配在 5 根枕木上，P_3 必大于 0。各根枕木的受力分配为

$$P_1 = \frac{1+18k+7k^2}{5+34k+7k^2} \times P$$

$$P_2 = \frac{1+11k}{5+34k+7k^2} \times P$$

$$P_3 = \frac{1-3k}{5+34k+7k^2} \times P$$

(3)如果 $k>\frac{1}{3}$，P_2 必大于 0，则一个轮重的作用力分布在 3 根枕木上。各根枕木的受力分配为

$$P_1 = \frac{1+2k}{3+2k} \times P$$

$$P_2 = \frac{1}{3+2k} \times P$$

5. 分配系数值 k 的计算

受力分配系数 $k = \frac{E_w \cdot I_w \cdot n}{E_p \cdot I_p} \times \frac{a^3}{C^2(3L-4C)}$

若桥枕为 2 根并在一起时，则 $n=2$。

第四节　计 算 实 例

计算实例一　普通线路施工临时桥梁设计

本例施工点在既有线的曲线上，路基是路堑挖方与路堤填土的结合处、涵洞的一侧。修筑铁路时，只对涵洞底部做基底增强处

理，涵洞两侧原小溪沟淤泥未做清理、底部也未做增强处理。新线开通运营后，线路渐变、路肩上凸、线路两侧沟墙破损倾斜、侧沟横截面减小。为整治该处路基病害，考虑采用临时桥梁方案，进行架空施工，同时确保施工过程中运营线的正常化和行车的安全，同时考虑到减少因设置临时桥梁和施工完毕后恢复线路对运营线的影响，采取不更换既有线的混凝土枕，采用纵梁横抬式钢轨束梁方式，在线路两侧设置临时桥梁的桥墩及钢轨束梁。

一、施工地点技术资料及架空方案

（一）施工地点技术资料

1. 圆曲线地段：圆曲线 $R=600$ m；

2. 曲线超高：$h=60$ mm；

3. 线路坡度：上行方向 2‰的上坡地段；

4. 路堑地段，两侧有侧沟，路基宽度：6. 9 m。

（二）机车荷载及运行条件

1. 在该段线路上行驶的机车为：DF4 型机车；

2. 放行列车速度：$v_P=45$ km/h。

（三）施工临时桥梁方案

1. 纵梁横抬式束梁正面图（图 3—5）

施工纵梁采用 P50、12. 5 m 钢轨，7 根一侧，采用 3 扣 4，两纵梁中心距小于或等于 3. 24 m。需要换填的路基长度为7. 5 m，深度为轨顶下 2. 2 m，故采用 2 次开挖，2 次搭设临时桥梁。枕木垛采用 2 层，就可达到 1 次设计开挖的深度和宽度，底层密铺，底层木枕铺设方向与纵梁方向一致，枕木垛底面积为 1. 25 m × 1. 25 m。施工地点处在曲线上，搭设临时桥梁时，应考虑曲线的超高，如果考虑用两纵梁面来调整坡度，那么，两纵梁会向下股方向倾斜，临时桥梁就会失去稳定。因此，要保持两纵梁稳定性，采用契形坡度木块来调整曲线超高。

2. 纵梁横抬式束梁侧面图（图 3—6）

临时桥梁的横梁采用 P50、4. 1 m 钢轨，3 根一组，采用 1 扣 2，

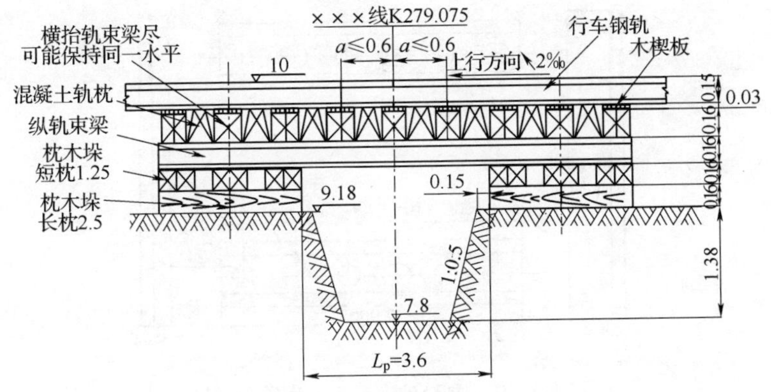

图 3—5　纵轨束梁正面图(单位:m)

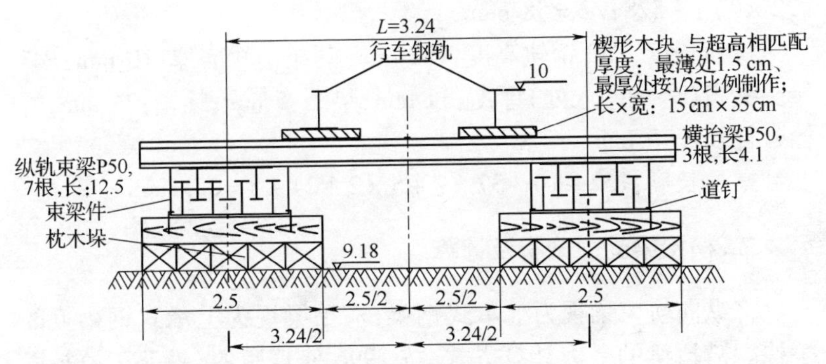

图 3—6　横抬轨束梁侧面图(单位:m)

两横梁中心距小于或等于 0.6 m。束梁件采用 P43 接头夹板、长螺栓联结而成,每侧纵梁使用 3 组束梁件(图 3—7),分别束在两梁端接近处和梁中部,束梁件内两侧用木块嵌入塞满。两纵梁用钢丝绳和双钩螺栓相互牵拉。

3. 纵梁束梁件示意图(图 3—7)

施工纵梁采用 P50,7 根一侧,采用 3 扣 4,4 根钢轨底宽:132 ×4 = 528 mm,使用接头夹板的外侧第 1 孔,两外侧孔中心孔距为 660 mm,圆孔直径 24 mm,圆端孔直径 34 mm,螺栓直径 22 mm。

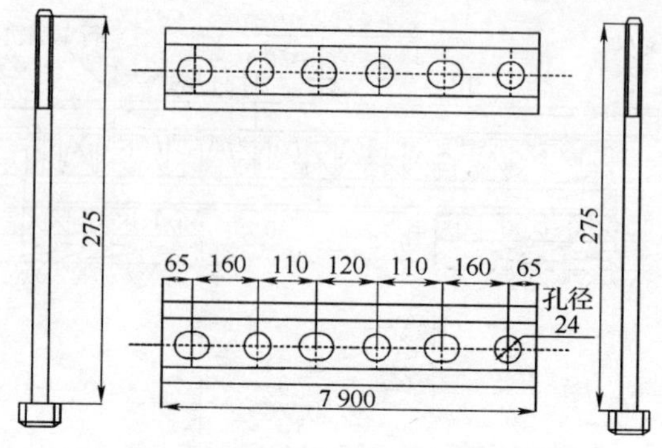

图 3—7　束梁件示意图(单位:mm)

实际每侧轨底处嵌入木块厚度:{〔660 + (24/2) + (32/2) - (22 × 2)〕- 528}/2 = 58 mm。

螺栓长度,P50 钢轨高度:152 mm,翻扣钢轨底厚:10 mm;P43 接头夹板(外侧凹入处)厚度:37 mm;垫圈:5 mm;螺帽:24 mm;螺栓外伸长度:5 mm。

螺栓长度:152 + 10 + 37 × 2 + 5 × 2 + 24 + 5 = 275 mm。

二、横抬梁受力分析及计算

将纵向轨束梁视为上承式钢梁,横抬梁视为上承式钢梁上的桥枕。横抬梁的受力计算方式,按 1996 修订版的《铁路工务技术手册　桥涵》附录八"桥枕计算"方式计算,横抬梁承受载重情况,理论上可把行车钢轨作为连续梁,横抬梁作为行车钢轨的弹性支座看待,每个轮对重量分配到左右多根横抬梁上,靠近轮对处的横抬梁承受较大的载重,愈远处愈小。轮对重量分配于横抬梁的根数(束数、或组数)及横抬梁受力的大小与行车钢轨及横抬梁的刚度、横抬梁排列的疏密及纵梁的间距有关,见图 3—8。

(一)计算数据

(1)横抬梁采用 P50 钢轨,3 根为一组(视为一根桥枕),长度为 410 cm。

(2)横抬梁间距:$a \leqslant 60$ cm。

(3)主梁中心距:$L=324$ cm。

(4)纵梁中心至临近行车钢轨的距离:$C=87$ cm。

(5)行车钢轨为P50钢轨。

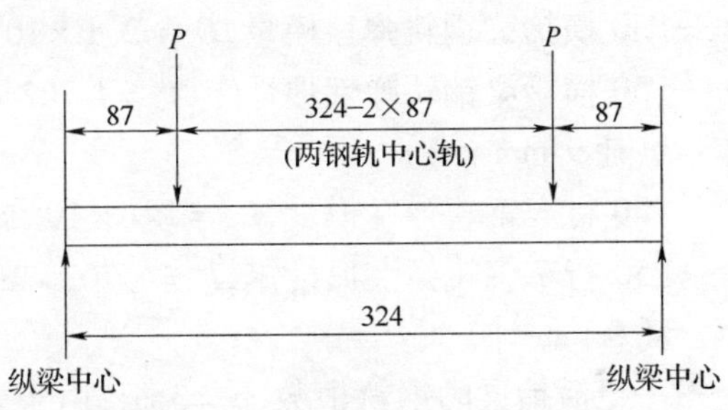

图3—8 横抬梁受力简图(单位:cm)

由于施工地点处在曲线上,考虑 $R=600$ m 曲线,纵梁长度 $l_x=12.5$ m(即弦长 $l_x=12.500$ m),曲线正矢 $f=l_x^2/8R=33$ mm。由于列车在曲线上的重心偏向下股,在水平中心线处的垂直值是超高 $h/2=30$ mm,其重心偏离线路中心值为 $\frac{1}{25}\times30=1.2$ mm。其重心点距曲线上股行车钢轨中心是751 mm;距曲线下股行车钢轨中心是749 mm。

为尽可能地使两纵梁在受荷载后挠度相等,曲线上股梁跨中部的纵梁中心线距行车钢轨中心值(即 C 值)为869 mm,而曲线下股的梁跨中部的纵梁中心线距行车钢轨中心值(即 C 值)为871 mm,这样在重心点处距两纵梁的中心距离均为1 620 mm。

纵梁定位:曲线上股纵梁两端部的梁中心距行车钢轨中心各为 $869+33=902$ mm。曲线下股纵梁两端部的梁中心距行车钢轨中心各为 $871-33=838$ mm。

(二)荷载计算

(DF4)型内燃机,每个轮重 $P_{轮}=230\ 000$ N;

每侧行车钢轨受到的轮重:$P=P_{轮}/2=230\ 000\ \text{N}/2=115\ 000$ N。

1. 受力分配系数

受力分配系数 $k=\dfrac{E_n \cdot l_n \cdot n}{E_p \cdot l_p}\times\dfrac{a^3}{C^2(3L-4C)}$

式中 E_n——P50 横抬梁钢轨弹性模量，$E_n=2.1\times10^6$ kgf/cm²；

I_n——P50 横抬梁钢轨弹性惯性矩，$I_n=1\ 702$ cm⁴（按钢轨磨耗 9 mm 计）；

E_p——P50 行车钢轨弹性模量，$E_p=2.1\times10^6$ kgf/cm²；

I_p——P50 行车钢轨弹性惯性矩，$I_p=1\ 702$ cm⁴（按钢轨磨耗 9 mm 计）；

n——一组横抬梁的钢轨根数，$n=3$ 根；由于式中的 I_n 是单根横抬梁钢轨的弹性惯性矩，因此，整组横抬梁的弹性惯性矩 I_n 要乘 n 根。

其他符号同上。

则受力分配系数 $k=\dfrac{E_n \cdot I_n \cdot n}{E_p \cdot I_p}\times\dfrac{a^3}{C^2(3L-4C)}$

代入得 $k=\dfrac{2.1\times10^6\times1\ 702\times3}{2.1\times1\ 702}\times\dfrac{60^3}{87^2\times(3\times324-4\times87)}$

$=0.1372$；

当 $1/3>k>0.056$ 时，一个轮的作用力分布在 5 根或 3 根横抬梁上，见图 3—9。

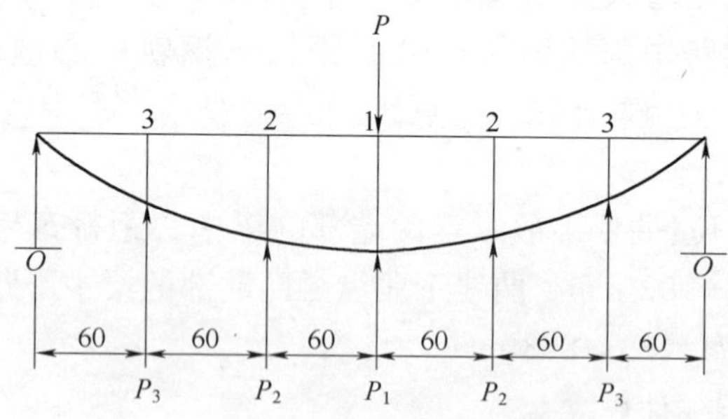

图 3—9 横抬梁弯矩图（单位：cm）

2. 各横抬梁的受力情况

$$P_1=\frac{1+18k+7k^2}{5+34k+7k^2}\times P=42\ 276\ \text{N};$$

$$P_2=\frac{1+11k}{5+34k+7k^2}\times P=29\ 455\ \text{N};$$

$$P_3=\frac{1-3k}{5+34k+7k^2}\times P=6\ 907\ \text{N};$$

3. 横抬梁承受最大力矩、剪切力

将活载产生的力与恒载产生的力分开计算，有利于分析整个结构在超出安全容许值时，可对恒载产生的力进行减载。本结构未将线路混凝土轨枕拆换，当结构超出安全容许值时，可将线路混凝土轨枕拆换为普通木枕或其他材料轨枕，减轻线路自重。另恒载产生的力矩的计算是以均布荷载的方式，而活载产生的力矩的计算是以集中荷载的方式，两者计算方式不一致。因此，在上述计算 P 值时不计入恒载产生的力。

(1)活载产生的力

活载产生最大的受力点在 1 点，取 1 点作为计算点。

最大的力矩(活)$M_{\max}=P_1\cdot C=42\ 276\times0.87=36\ 780\ \text{N}\cdot\text{m}$;

最大的剪切力(活)$Q_{\max}=P_1=42\ 276\ \text{N}$。

(2)恒载产生的力

① P50 行车钢轨自重 q_1

$q_1=51.51\ \text{kgf/m}\times2$ 侧 $=103.02\ \text{kgf}=1\ 030.2\ \text{N}$；钢轨磨耗忽略不计。

② 混凝土轨枕(按 1 760 根/km 铺设)自重 q_2

$q_2=250\ \text{kgf}\times1.76$ 根/m $=440\ \text{kgf}=4\ 400\ \text{N}$；

③ 横抬梁 P50 钢轨自重 q_3

线路轨枕是按 1 760 根/km 铺设的，横抬梁是在每根轨枕中插入的，因此，横梁的铺设亦是 1 760 根/km。

$q_3=3$ 根/组 $\times4.10\ \text{m}\times51.51\ \text{kgf/m}\times1.76$ 根/m $=1115.1\ \text{kgf}=11\ 151\ \text{N}$；钢轨磨耗忽略不计。

④ 轨枕扣件自重 q_4

q_4 = 3.5 kgf/套 ×4 套 ×1.76 根/m = 24.64 kgf = 246.4 N

⑤ 束梁件自重 q_5

由附表 6 查得 P43 接头夹板扣除孔的重量:15.57 kgf/块;

由附表 20 查得 ϕ22 螺栓带帽重量:(0.554 + 0.298 × 1.75) = 1.075 5 kgf/套。

q_5 = (15.57 kgf/块 × 2 块 + 1.075 5kgf/套 × 2) × 6 = 199.75 kgf = 1 997.5 N

恒载力:$q = q_1 + q_2 + q_3 + q_4 + q_5$ = 1 030.2 + 11 151 + 4 400 + 246.4 + 1 997.5 = 18 825 N/m

⑥ 恒载产生的力

活载产生最大的受力点在 1 点,取 1 点作为计算点。

a. 最大的力矩(恒)

$$M_{\max} = \frac{q \cdot a \cdot L}{8} = \frac{(18\ 825\ \text{N/m} \times 0.60\ \text{m} \times 3.24\ \text{m})}{8} = 4\ 575\ \text{N} \cdot \text{m}$$

b. 最大的剪切力(恒)

$$Q_{\max} = \frac{q \cdot a}{2} = \frac{18\ 825\ \text{N/m} \times 0.60\ \text{m}}{2} = 5\ 648\ \text{N}$$

4. 横抬梁的挠曲应力、剪切应力

(1)横抬梁的挠曲应力

挠曲应力(正应力)$\sigma = \frac{\sum M_{\max}}{W}$

$[\sigma]$ = 1 700 kgf/cm^2

式中　W——钢轨抗弯曲截面系数。

根据 1998 年版《铁路工务技术手册　轨道》第五章第三节“轨道结构力学计算”中所述,钢轨磨耗后,钢轨抗弯曲截面系数相应减少(附表 4)。

横抬梁为 P50 钢轨,按磨耗 9 mm 计算。

钢轨上部截面系数:W_j = 216 cm^3

钢轨下部截面系数:W_g = 264 cm^3

整组横抬梁的钢轨截面系数：$W = W_j + W_g$

横抬梁为 3 根/组，呈 1 扣 2 形式，截面系数 $W = (n \cdot W_j + n \cdot W_g) = 1 \times 216\ \text{cm}^3 + 2 \times 264\ \text{cm}^3 = 744\ \text{cm}^3$

横抬梁最大的总力矩 $\sum M_{max} = (\text{活})M_{max} + (\text{恒})M_{max}$

$$= 36\ 780 + 5\ 648 = 42\ 428\ \text{N} \cdot \text{m}$$

$$= 424\ 280\ \text{kgf} \cdot \text{cm}$$

挠曲应力（正应力）$\sigma = \dfrac{\sum M_{max}}{W} = \dfrac{424\ 280\ \text{kgf} \cdot \text{cm}}{744\ \text{cm}^3}$

$$= 570.269\ \text{kgf/cm}^2$$

检验：$\sigma \leqslant [\sigma]$，$570.269\ \text{kgf/cm}^2 < 1\ 700\ \text{kgf/cm}^2$，使用安全。

（2）横抬梁的剪切应力

横抬梁的剪切应力 τ_{max} 在钢轨腰部，按工字形截面进行近似计算。

剪切应力 $\tau_{max} = \dfrac{\sum Q_{max}}{nI_n d}\left[\dfrac{BH^2}{8} - \dfrac{h_2^2}{8}(B-d)\right]n$

容许剪切应力 $[\tau] = 120$ MPa

式中 B——横抬梁 P50 钢轨底部宽度，$B = 13.2$ cm；

d——横抬梁 P50 钢轨腰部宽度，$d = 1.55$ cm；

H——横抬梁 P50 钢轨高度（按 9 mm 计算），$H = 14.3$ cm；

h_2——横抬梁 P50 钢轨腰部高度，$h_2 = 8.3$ cm。

考虑到该式的不利因素，取钢轨底的宽度作为计算依据。由于式中的 I_n 是单根 P50 横抬梁钢轨的弹性惯性矩，因此整束横抬梁的弹性惯性矩 I_n 要乘 n 根。

横抬梁最大的总剪切力 $\sum Q_{max} = (\text{活})Q_{max} + (\text{恒})Q_{max} = 42\ 276 + 5\ 648 = 47\ 924$ N；

$$\tau_{max} = \frac{47\ 924}{3 \times 1\ 702 \times 1.55} \times \left[\frac{13.2 \times 14.3^2}{8} - \frac{8.3^2}{8}(13.2 - 1.55)\right] \times 3$$

$$= 4\ 306.955\ 14\ \text{N/cm}^2 \times 100\ \text{cm} \times 100\ \text{cm} = 43\ 069\ 551\ \text{N/m}^2$$

$$= 43\ 069\ 551 P_a = 43.07\ \text{MPa}$$

检验：$\tau_{max} \leqslant [\tau]$，43.07 MPa < 120 MPa，使用安全。

（3）横抬梁最大挠度

由图3—9可见，横抬梁最大挠度 δ_1 在 P_1 作用点处，以该点作为检算依据，此处的挠度若在容许范围内，即其余处皆在容许范围内；若此处超出容许值，则调整横抬梁的间距 a 值。

在 P_1 作用点处的挠度 δ_1：

$$\delta_1 = \frac{1}{6E_n \cdot I_n \cdot n}\left(P_1 + \frac{q}{2}\right) \times C^2 \times (3L - 4C)$$

其中，$\left(P_1 + \frac{q}{2}\right) = 42\ 276 + 18\ 825/2 = 51\ 689\ \text{N} = 5\ 169\ \text{kgf}$。

由于 P_1 的计算过程是以一侧轮重为依据的，那么恒载力 q 是以整个轨道的每米重量计算的，因此，将其恒载力 q 化为2股钢轨。由于式中的 I_n 是单根P50横抬梁钢轨的弹性惯性矩，因此，整束横抬梁的弹性惯性矩 I_n 要乘 n 根。

根据表2—3，注明钢轨束梁的最大容许挠度不超过跨度的1/300，即容许挠度$[f_p] = \frac{1}{300}L_p$。横抬梁的挠度大小，对纵梁的影响很大，横抬梁的挠度越大时，对纵梁的产生的向外排挤力越大，对纵梁稳定会造成很大的影响。因此，为安全起见，可以将横抬梁的容许挠度提高一个等级，即横抬梁容许挠度$[f] = \left(\frac{1}{600}L\right)$。

$$\delta_1 = \frac{1}{6 \times 2.1 \times 10^6 \times 1\ 702 \times 3}\left(42\ 276 + \frac{18\ 825}{2}\right) \times 87^2 \times (3 \times 324 - 4 \times 87)$$

$$= 0.379\ 5\ \text{cm} = 3.795\ \text{mm}$$

容许挠度$[f] = \left(\frac{1}{600}L\right) = \frac{1}{600} \times 3\ 240 = 5.4\ \text{mm}$

检验：$\delta_1 \leqslant [f]$，3.795 mm < 5.4 mm，使用安全。

三、纵向轨束梁受力分析及计算

（一）计算数据

（1）纵梁采用P50钢轨12.500 m长，7根/侧，$n = 7$；

（2）纵轨梁钢轨弹性惯性矩：$I_n = 1\ 702\ \text{cm}^4$（按钢轨磨耗9 mm

计）；

（3）计算跨度：$L_p=3.6\ m=360\ cm$；

（4）容许挠度：按表2—3执行，即容许挠度$[f_p]=\frac{1}{300}L_p$。

（二）计算荷载

1. 活　　载

（1）计算活载，按不利因素，选用中—活载；

（2）计算方式：按简支梁均布荷载计算方式。

2. 恒载产生的力

（1）P50行车钢轨自重q_1

$q_1=51.51\ kgf/m\times 2$ 侧 $=103.02\ kgf\ =1\ 030.2\ N$；钢轨磨耗忽略不计。

（2）混凝土轨枕（按1 760根/km铺设）自重q_2

$q_2=250\ kgf/m\times 1.76$ 根/m $=440\ kgf=4\ 400\ N$。

（3）横抬梁P50钢轨自重q_3

线路轨枕是按1 760根/km铺设的，横抬梁是在每根轨枕中插入的，因此，横梁的铺设亦是1 760根/km。

$q_3=3$ 根/组 $\times 4.1\ m\times 51.51\ kgf\times 1.76$ 根/m $=1\ 115.1\ kgf=11\ 151\ N$；钢轨磨耗忽略不计。

（4）轨枕扣件自重q_4

$q_4=3.5$ kgf/套 $\times 4$ 套 $\times 1.76$ 根/m $=24.64\ kgf=246.4\ N$。

（5）束梁件自重q_5

由附表6查得P43接头夹板扣除孔的重量：15.57 kgf/块；

由附表20查得$\phi 22$螺栓带帽质量：$(0.554+0.298\times 1.75)=1.075\ 5$ kgf/套。

$q_5=(15.57$ kgf/块 $\times 2$ 块 $+1.075\ 5$ kgf/套 $\times 2)\times 6=199.75\ kgf=1\ 997.5\ N$。

（6）纵梁自重

$q_p=7$ 根 $\times 2$ 侧 $\times 51.51\ kgf/m=721.14\ kgf/cm=7211.4\ N$。

恒载力：$q=q_1+q_2+q_3+q_4+q_5+q_p=1\ 030.2+11\ 151+$

$4\ 400 + 246.4 + 1\ 997.5 + 7\ 211.4 = 26\ 036.5$ N。

（三）计算挠度

（1）活载：根据附表 1 中查得列车荷载最大处在梁的 1/4（即 $a = 0.25$ m）处，“加载长度”为 3.600 m（即纵梁跨度 $L_p = 3.600$ m）处的列车荷载。

中—活载：$K_{1/4} = 200.6$ kgf/cm。

（2）恒载：$q_z = 26\ 037$ N $= 26.04$ kgf/cm。

（3）均布荷载：$K_p = K_{1/4} + q_z = 200.6 + 26.04 = 226.64$ kgf/cm。

（4）挠度计算：将横抬梁的布置视为均布荷载，根据力学的均布荷载计算式，当纵向轨束梁受力时，最大挠度点在梁的 1/2 处。

$$f_p = \left(\frac{5}{384} \times \frac{K_p \times L_p^4}{E_n \times I_n \times n \times 2}\right) = \left(\frac{5}{384} \times \frac{226.64 \times 360^4}{2.1 \times 10^6 \times 1\ 702 \times 7 \times 2}\right)$$

$$= 0.991 \text{ cm} = 9.91 \text{ mm}$$

桥梁是以整孔梁为计算依据，由于式中的 I_n 是单根 P50 纵梁钢轨的弹性惯性矩，因此，整孔纵梁（轨束梁）的弹性惯性矩 I_n 要乘 n 根，两侧则乘 2。

由上述挠度 f_p 计算公式可知：

跨度与挠度的关系：当均布荷载 K_p 确定后，挠度 f_p 与跨度 L_p 成正比，设计的跨度 L_p 愈大则挠度 f_p 愈大、设计的跨度 L_p 愈小则挠度 f_p 愈小。

均布荷载与挠度的关系：当设计跨度 L_p 确定后，挠度 f_p 与均布荷载 K_p 成正比，均布荷载 K_p 愈大则挠度 f_p 愈大、均布荷载 K_p 愈小则挠度 f_p 愈小。

纵轨梁钢轨根数与挠度的关系：当纵梁钢轨类型确定后，惯性距 I_n 亦确定，挠度 f_p 与纵轨梁钢轨根数 n 成反比，纵轨梁钢轨根数 n 愈大则挠度 f_p 愈小，纵轨梁钢轨根数 n 愈小则挠度 f_p 愈大。

在整个钢轨束梁的结构中，行车钢轨亦是抗弯结构之中的一部分。在纵梁的计算中，由于行车钢轨未与纵梁形成一个整体，故在此没有纳入强度计算范围内。

(5)强度计算：

容许挠度$[f_p]=\left(\frac{1}{300}L_p\right)=\frac{1}{300}\times 3\ 600=12.00$ mm；

检验：$f_p\leqslant[f_p]$，9.91 mm < 12.00 mm，使用安全！

以上计算采用“中—活载”进行检算，若采用在该段线路上行驶的DF4型机车，作为计算活载，两者比较是否也达到安全使用。

根据附表2中查得DF4型列车荷载最大处在梁的1/4处；“加载长度”为3.6 m（即纵梁跨度$L_p=3.6$ m）处的列车荷载。

中—活载：$K_{1/4}=170.2$ kgf/cm

均布荷载：$K_p=K_{1/4}+q_z=170.2+26.04=196.24$ kgf/cm

$$f_p=\left(\frac{5}{384}\times\frac{K_p\times L_p^4}{E_n\times I_n\times n\times 2}\right)=\left(\frac{5}{384}\times\frac{196.24\times 360^4}{2.1\times 10^6\times 1\ 702\times 7\times 2}\right)$$

$=0.858$ cm $=8.6$ mm

在此段线路上行驶的是DF4型机车，以DF4型机车活载作为计算依据，计算得到的挠度结果比使用“中—活载”算得的结果小些。因此，在实际检算中，采用“中—活载”会偏于安全。

（四）计算弯曲力矩

(1)根据运输生产及安全的要求，在施工期间采取限速45 km/h行车。

(2)计算弯曲力矩$M_p=[q_z+(1+0.5\upsilon\mu)K_{1/4}]\times\frac{L_p^2}{8}$。

由附表1和附表2得知两表中所列值均未包括冲击力。

式中　υ——冲击系数折减率，其值为

$$\upsilon=\frac{v_p}{2v_{kp}-v_p}=\frac{45}{2\times 100-45}=0.29\ 032\ 258;$$

其中　v_p——为限制时速，

v_{kp}——DF4型机车临界速度；

$$\mu=\frac{27}{30+L_p}=\frac{27}{30+3.6}=0.803\ 571\ 428。$$

根据南昌铁路局工务处编写的《铁路工务技术手册　防洪》第五章“便线、便桥”中所述，计算时应考虑冲击力的影响。

$$M_p=[q_z+(1+0.5\upsilon\mu)K_{1/4}]\times\frac{L_p^2}{8}$$

$$M_p=[26.04+(1+0.5\times0.29032258\times0.803571428)\times 201.38]\times\frac{360^2}{8}=406\,475\ \text{kgf}\cdot\text{cm}$$

由上述弯曲力矩计算公式可知：

跨度与弯曲力矩的关系：当均布荷载 $K_{1/4}$ 与恒载 q_z 确定后，弯曲力矩 M_p 与跨度 L_p 成正比，跨度 L_p 愈大则弯曲力矩 M_p 愈大，跨度 L_p 愈小则弯曲力矩 M_p 愈小。

冲击系数折减率与跨度的关系：当均布荷载 $K_{1/4}$ 与恒载 q_z 及弯曲力矩 M_p 确定后，冲击系数折减率 υ 与跨度 L_p 成反比，跨度 L_p 愈大则冲击系数折减率 υ 愈小，跨度 L_p 愈小则冲击系数折减率 υ 愈大。

$$8M_p=L_p^2[q_z+(1+0.5\upsilon\mu)K_{1/4}]$$

$$\upsilon=\frac{8M_p}{0.5\mu K_{1/4}L_p^2}-\frac{(q_z+K_{1/4})}{0.5\mu K_{1/4}}$$

放行速度与冲击系数折减率的关系：当均布荷载 $K_{1/4}$ 与恒载 q_z 及弯曲力矩 M_p 确定后，放行速度 v_p 与冲击系数折减率 υ 成正比，放行速度 v_p 愈大则冲击系数折减率 υ 愈大，放行速度 v_p 愈小则冲击系数折减率 υ 愈小；即放行速度 v_p 愈大，要求的跨度 L_p 则愈小。

(3)检验：

整组纵梁为 P50 钢轨，按磨耗 9 mm 计算，

钢轨上部截面系数：$W_j=216\ \text{cm}^3$；

钢轨下部截面系数：$W_g=264\ \text{cm}^3$；

整组纵梁的钢轨截面系数：$W=W_j+W_g$；

检验：$[M_{max}]\leqslant[\sigma]W$；

纵梁为 7 根/组，呈 3 扣 4 形式，

$W=(n\cdot W_j+n\cdot W_g)\times2$ 侧 $=(3\times216+4\times264)\times2=3\,408\ \text{cm}^3$；

$[M_{max}]=[\sigma]W=1\ 700\times3\ 408=57\ 936$ kgf · cm;

检验:$M_p\leqslant[M_{max}]$,406 475 kg · cm < 57 936 kgf · cm,使用安全。

四、楔形木块的制作

曲线超高 $h=60$ mm,楔形木块面坡度 $i=60/1\ 500=1/25$。

楔形木块平面尺寸:150×550 mm、最小厚度:15 mm。

楔形木块的制作可统一按下股尺寸制作,见图 3—10,上股超高部分可用平面尺寸相同、底面积相同、厚度为不小于 15 mm 的平木块板垫承。下股木块最薄厚度为 15 mm、最大厚度为 37 mm,那么上股可用 4 块厚度为 15 mm 的木板,但须用铁钉或在两侧用木板夹钉联结成一体,叠加成一端为 75 mm,另一端为 97 mm 的材料,供上股使用。

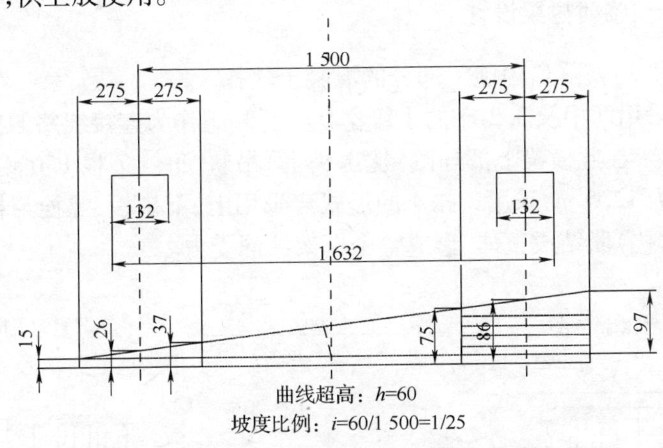

图 3—10　楔形木块的制作尺寸(单位:mm)

通过对设计的临时桥梁结构检算,本临时桥梁结构的设计,在铁路列车运行速度小于或等于 45 km/h 时是安全、可靠的,并应在开通行车后,加强对各部位的紧固件(即钢轨纵梁束梁件)进行检查,确保纵、横向轨束梁整体性完好,并使其起到完整、可靠的作用。

计算实例二　隧道内施工临时桥梁设计

隧道内底部仰拱破损，泥土、细水挤出，造成道床翻浆冒泥。单线隧道，施工场地狭窄，修补仰拱、整治道床翻浆冒泥的施工，若按图2—7、图2—8纵梁横吊式束梁（一）的方案，线路中部的纵梁，使道床开挖极其困难；若要腾出空间，因此，只能采用图2—9、图2—10纵梁横吊式束梁（二）的方案进行施工。采用P50型、长12.5 m的钢轨作纵梁（图3—11、图3—12），实施一次成梁，分段筑纵梁墩，分段开挖施工。为使两纵梁跨度合理设置，将行车钢轨底的铁垫板外侧切除，保证两纵梁间距不宜过大，同时减轻横梁的挠度和剪切力。为确保纵梁的上挑板或螺栓的高度不超出规定值，可在轨底铁垫板底部适当增加橡胶垫片。

一、临时桥梁设计

1. 更换隧道内施工部分的混凝土轨枕

采用两根长3.2 m的Ⅰ级岔枕立置相组作为连接线路的框架和横梁，在此横梁上部外侧（枕木头上）吊轨，每侧7根P50钢轨，长度为12.5 m，采用3扣4的形式。采用上、下挑板、螺栓与横梁（木岔枕）联结成整体，形成整个框架共同受力。

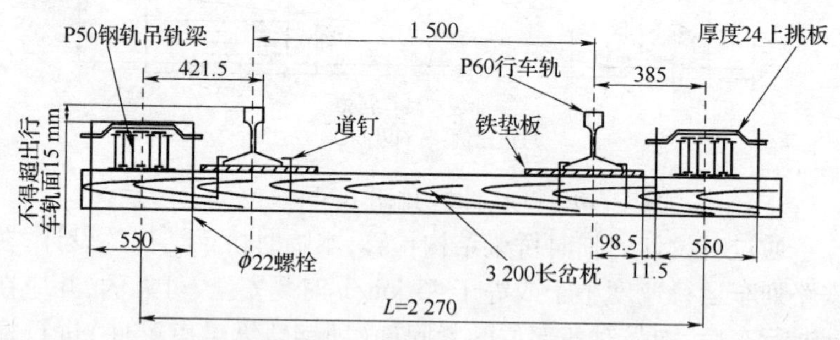

图3—11　吊轨梁正面图（单位：mm）

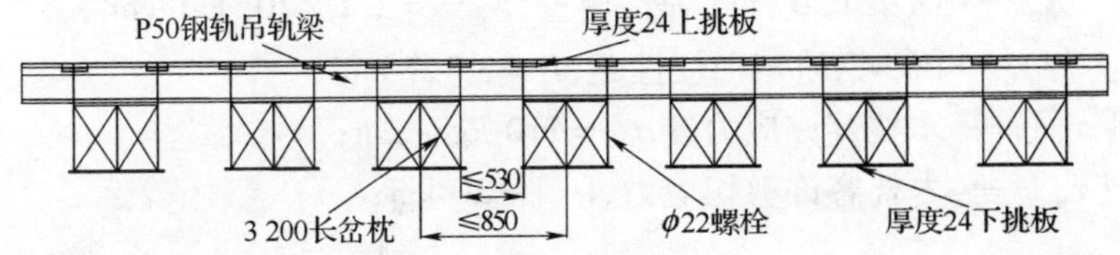

图 3—12　吊轨正面图(单位:mm)

2. 联结方式

在两根长 3.2 m 的立置木枕端部、枕木盒内用扒钉联结,在枕木头上与吊轨采用 $\phi22$ mm 螺栓联结。

3. 横梁间距

木枕(横梁)间的中心距为 85 cm,要确保两横梁间净距满足 50 cm 的空间,便于道床开挖和轨底下作业。

4. 开　　挖

可连续开挖 4 孔道床,有车来时,在中部用 50 cm 长的短枕木搭成横竖 50 cm × 50 cm 枕木垛支承于轨底处的横梁底部,左右各悬空一组横梁。隧道底部混凝土浇灌等工序完成后回填道砟,并可继续按此步骤进行下一步的施工。

二、安全检算

(一)横梁检算

1. 计算数据

L——纵梁中心距,$L = 227$ cm;

C——纵梁中心至钢轨中心距离,$C = 38.5$ cm;

P——DF4 型机车单轮重,$P = 23\ 000$ kgf,每侧 $P = 11\ 500$ kgf;

a——横梁间距,$a = 85$ cm;

E_w——横梁木枕弹性模量,$E_w = 9 \times 10^4$ kgf/cm^2;

I_w——横梁木枕截面惯性距,$I_w = \dfrac{b \times h^3}{12} = \left[\dfrac{(16 \times 2) \times 24^3}{12}\right] =$

36 864 cm^4;

E_p——纵梁 P50 钢轨弹性模量，$E_p = =2.1 \times 10^6 \text{ kgf/cm}^2$；

I_p——P60 钢轨截面惯性距，$I_p = 3\ 217 \text{ cm}^4$；

$[\sigma_w]$——木枕容许应力，$[\sigma] = 110 \text{ kgf} \cdot \text{cm}$；

$[\tau_w]$——木枕容许剪切应力，$[\tau] = 20 \text{ kgf}$；

$[f]$——纵梁(轨束梁)容许挠度，$[f] = \frac{1}{300}L_p$；

L_p——设计纵梁跨度；$L_p = 355 \text{ cm}$；

K——列车均布荷载。

2. 检算横梁

(1)横梁受力简图见图3—13。

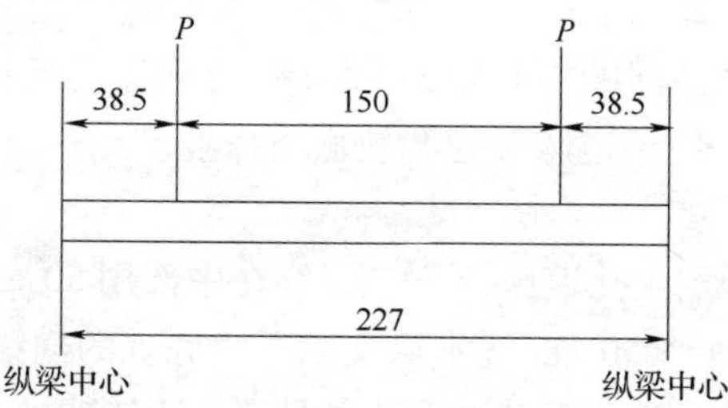

图3—13　横抬梁受力简图(单位：cm)

(2)受力分配系数：

$$k = \frac{E_w \cdot I_w \cdot n}{E_p \cdot I_p} \times \frac{a^3}{C^2(3L-4C)} = \frac{9 \times 10^4 \times 36\ 864}{2.1 \times 10^6 \times 3\ 217} \times \frac{85^3}{38.5^2 \times (3 \times 227 - 4 \times 38.5)} = 0.386\ 14$$

当 $k > 1/3$ 时，一个轮的作用力分布在3根横梁(木枕)上，见图3—14。

(3)各横梁(木枕)的受力情况：

$$P_1 = \frac{1+2k}{3+2k} \times P = 5\ 403 \text{ kgf}$$

$$P_2 = \frac{1}{3+2k} \times P = 3\ 049 \text{ kgf}$$

(4)横梁木枕承受最大力矩、剪切力：

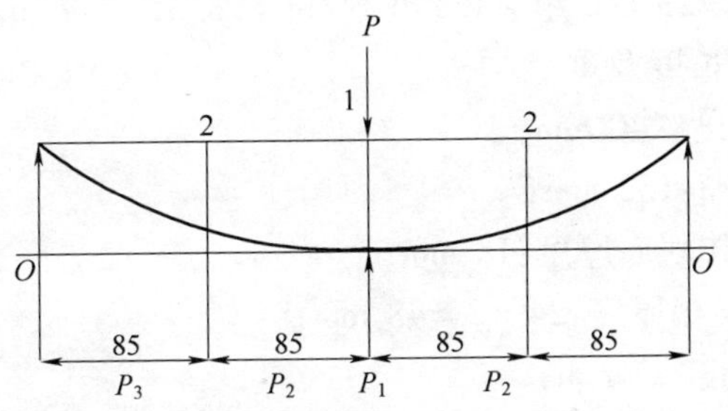

图 3—14　横抬梁弯矩图(单位:cm)

① 活载产生的力:

活载产生最大的受力点在 1 点,取 1 点作为计算点,

最大的力矩(活)$M_{max}=PC=P_1C=5\ 403\times 38.5=286\ 016$ kgf · cm;

最大的剪切力(活)$Q_{max}=P=P_1=5\ 403$ kgf。

② 恒载产生的力:

恒载包括:行车钢轨、横梁、铁垫板、道钉、吊梁件的重量等。

a. P60 行车钢轨自重:$q_1=60.6$ kgf/m ×2 侧 =121.20 kgf/m;钢轨磨耗忽略不计。

b. 横梁(木枕长度:3 200 mm)自重:

$q_2=2$ 根/组 ×105 kgf/根 ×1.176 根/m =246.96 kgf/m;

横梁间距 $a=85$ cm =0.85 m,在桥跨范围内的横梁铺设为 $\frac{1\ 000}{0.85}=1.176$ 根/m。

c. 铁垫板、道钉的自重:$q_3=15$ kgf/组 × 1.176 根/m =17.64 kgf/m;

P60 垫板重量:6.952 kgf/块;

道钉重量:0.379 kgf/个;

合计:(6.952 +0.379 ×3) ×2 侧 =16.178 kgf/根梁。

考虑到 P60 垫板两侧将切割除去部分重量,故每根枕木上的铁垫板、道钉的自重按 15 kgf/根计算。

d. 吊梁件的自重:

$q_4 = 83.723$ kgf/组 ×1.176 根/m = 98.458 kgf/m。

• 螺栓长度及重量：

岔枕宽度：240 mm；

P50 轨高：152 mm；

P50 翻扣轨底厚度：18 mm；

上、下挑板厚度：24 ×2 = 48 mm；

螺帽高度：27 mm；

螺栓高出螺帽：5 mm；

合计长度：490 mm。

螺栓重量：由"一般常用材料重量表"查得直径为 22 mm、长度为 490 mm 的螺栓重量是 1.716 2 kgf/根。

螺栓总重量：1.716 2 kgf/根 ×8 = 13.730 kgf。

• 上挑板长度及重量：

P50 轨底宽：132 ×4 = 528 mm；

内侧 $\phi 23$ 螺栓孔：23 mm；

两折点的斜边长：$2 \times \sqrt{20^2 + 40^2} = 90$ mm；

实际增加长度：90 −（2 ×40）= 10 mm；

外侧螺栓孔中线至板端长度：35 ×2 = 70 mm；

合计长度：631 mm。

上挑板重量：$(0.024 \times 0.09 \times 0.631) - \left(\frac{0.023^2 \times \pi}{4} \times 0.024 \times 2\right) \times 7\ 850\ \text{kgf/m}^3 = 10.543$ kgf/块。

上挑总重量：10.543 kgf/块 ×4 = 42.172 kgf。

• 下挑板长度及重量：

岔枕高宽：160 ×2 = 320 mm；

内侧 $\phi 23$ 螺栓孔：23 mm；

外侧螺栓孔中线至板端长度：35 ×2 = 70 mm；

合计长度：413 mm。

下挑板重量：(0.024 ×0.09 ×0.413) −

$\left(\frac{0.023^2\times\pi}{4}\times 0.024\times 2\right)\times 7\ 850\ \text{kgf/m}^3=6.846$ kgf/块。

下挑总重量:6. 846 kgf/块 ×4 =27. 384 kgf。

恒载力:$q_h=q_1+q_2+q_3+q_4=121.20+246.96+17.64+98.46=484.26$ kgf/m

③ 恒载力产生的力矩、剪切力:

a. 最大的力矩(恒)$M_{max}=(q_h\cdot a\cdot L)\times\frac{1}{8}=(4.84\ \text{kgf}\cdot\text{cm}\times 85\ \text{cm}\times 227\ \text{cm})\times\frac{1}{8}=11\ 674\ \text{kgf}\cdot\text{cm}$;

b. 最大的剪切力(恒)$Q_{max}=(q_h\cdot a)\times\frac{1}{2}=(484.26\ \text{kgf/m}\times 0.85\ \text{m})\times\frac{1}{2}=206$ kgf。

④ 横抬梁的挠曲应力、剪切应力:

a. 横抬梁木枕的最大纤维应力 $\sigma=\frac{6\sum M_{max}}{b\times h^2}$

$[\sigma_w]=110\ \text{kgf}\cdot\text{cm}$

横抬梁最大的总力矩 $\sum M_{max}=$(活)M_{max} +(恒)M_{max}

$$\sum M_{max}=208\ 016+11\ 674=219\ 690\ \text{kgf}\cdot\text{cm}$$

$$\sigma=\frac{6\sum M_{max}}{b\times h^2}=\frac{6\times 219\ 690\ \text{kg}\cdot\text{cm}}{(16\times 2)\times 24^2}=71.51\ \text{kgf/cm}$$

检验:$\sigma\leqslant[\sigma_w]$,71. 51 kgf/cm <110 kgf/cm,使用安全。

b. 横抬梁木枕的剪切应力 τ_{max} 按矩形截面进行计算。

$$\tau_{max}=\frac{1.5\sum Q_{max}}{b\times h}$$

$[\tau_w]=20\ \text{kgf}\cdot\text{cm}^2$

横抬梁最大的总剪切力 $\sum Q_{max}=$(活)Q_{max} +(恒)Q_{max} = 5 403 +206 =5 609 kgf

$$\tau_{max}=\frac{1.5\sum Q_{max}}{b\times h}=\frac{1.5\times 5\ 609}{(16\times 2)\times 24}=10.955\ \text{kgf/cm}^2$$

检验：$\tau_{max} \leqslant [\tau_w]$，10.955 kgf/cm² < 20 kgf/cm²，使用安全，

c. 横抬梁木枕面铁垫板下枕木支承应力：

容许铁垫板下枕木支承应力 $[Q_w] = 16\ \text{kgf/cm}^2$；

铁垫板底面积 $F = (31 \times 18) - (6.1 \times 18) = 448.2\ \text{cm}^2$；两股钢轨计算时按两块计。

$$Q_c = \frac{\sum Q_{max}}{F} = \frac{5\ 609}{448.2 \times 2} = 6.26\ \text{kgf/cm}^2$$

检验：$Q_c \leqslant [Q_w]$，6.26 kgf/cm² < 16 kgf/cm²，使用安全。

(5)横抬梁(木枕)的最大挠度

由图 3—14 可见，横抬梁最大挠度 δ_1 在 P_1 作用点处，以该点作为计算依据，此处的挠度若在容许范围内，即其余处皆在容许范围内；若此处超出容许值，则调整横抬梁的间距 a 值。

在 P_1 作用点处的挠度 δ_1：

$$\delta_1 = \frac{1}{6E_w \cdot I_w \cdot n}\left(P_1 + \frac{q_h}{2}\right) \times C^2 \times (3L - 4C)$$

由表 2—4 和附表 17 得矩形截面的惯性矩计算式：

$$I_w = \frac{bh^3}{12} = \frac{(16 \times 2) \times 24^3}{12} = 36\ 864$$

由附表 14 常用木材容许应力和弹性模量：

$E_w = 9$ GPa(或 9×10^4 kgf/cm²)

其中，$\left(P_1 + \frac{q_h}{2}\right) = 5\ 403 + 484.26/2 = 5\ 645.13\ \text{kgf} = 56\ 451.3\ \text{N}$。

由于 P_1 的计算过程是以一侧轮重为依据的，那么恒载力 q_h 是以整个轨道的每米重量计算的，因此，将其恒载力 q_h 化为 2 股钢轨。由于式中的 I_w 是单根横抬梁(木枕)的弹性惯性矩，因此，整束横抬梁的弹性惯性矩 I_w 要乘 n 根。

$$\delta_1 = \frac{1}{6 \times 9 \times 10^4 \times 36\ 864 \times 2}\left(5\ 403 + \frac{484.26}{2}\right) \times 38.5^2 \times (3 \times 227 - 4 \times 38.5) = 0.221\ 5\ \text{cm} = 2.2\ \text{mm}。$$

在铁道工程中未有关于木质枕的容许挠度 $[\delta]$ 值，但在北京

铁路局编写的《桥隧工应知应会问答》中，注明东北落叶松的允许挠度 $\left[\frac{\delta}{l}\right]=\frac{1}{300}$。受弯构件桡度控制值见表3—2。

表3—2　受弯构件挠度〔δ〕控制值

序　号	构件类型	挠度〔δ〕控制值
1	檩　条	$L/200$
2	椽　条	$L/150$
3	抹灰顶棚中的受弯构件	$L/250$
4	楼盖中的受弯构件	$L/250$

在上述计算知：

① 横抬梁木枕的最大纤维力应（正应力）$\sigma_{max}\leqslant$〔σ_w〕，97.17 kgf/cm < 110 kgf/cm；

② 横抬梁木枕的剪切应力 $\tau_{max}\leqslant$〔τ_w〕，14.95 kgf/cm^2 < 20 kgf/cm^2。

这两项关键数据中均在容许值范围内，这样我们可以参考东北落叶松的允许挠度 $\left[\frac{\delta}{L}\right]=\frac{1}{300}$；木质横抬梁是列车动力作用下的，可将木质横抬梁的容许挠度提高一个等级，即控制木质横抬梁允许挠度：〔f〕$=\left(\frac{1}{600}L\right)$。

容许挠度〔f〕$=\left(\frac{1}{600}L\right)=\frac{1}{600}\times 2\ 270=3.78$ mm；

检验：$\delta_1\leqslant$〔f〕，2.2 mm < 3.78 mm，使用安全。

（二）纵梁检算

1. 计算数据

（1）纵梁采用P50钢轨，25.000 m长，7根/侧，$n=7$；

（2）纵轨梁钢轨弹性惯性矩，$I_{p1}=1\ 827$ cm^4（按钢轨磨耗6 mm计）。

2. 纵梁自重

(1)P60 行车钢轨自重 $q_1 = 60.6$ kg/m ×2 侧 = 121.2 kgf/m，钢轨磨耗忽略不计；

(2) P50 钢轨纵梁自重 $q_p = 7$ 根 × 2 侧 × 51.51 kgf/m = 721.14 kgf/m；

(3)横梁(木枕长度:3 200 mm)自重 $q_2 = 2$ 根/组 ×105 kgf/根 ×1.176 根/m = 246.96 kgf/m；

横梁间距 $a = 85$ cm = 0.85 m，那么在桥跨范围内的横梁铺设为 1 000/0.85 = 1.176 根/m。

(4) 铁垫板、道钉的自重，$q_3 = 15$ kgf/组 × 1.176 根/m = 17.64 kgf/m；

P60 垫板重量:6.952 kgf/块；

道钉重量:0.379 kgf/个；

合计:(6.952 + 0.379 ×3) ×2 侧 = 16.178 kgf/根梁。考虑到 P60 垫板两侧将切割图 3—14 除去部分重量，故每根枕木上的铁垫板、道钉的自重按 15 kgf/根计算。

(5) 吊梁件的自重 $q_4 = 83.723$ kgf/组 × 1.176 根/m = 98.458 kgf/m。

a. 螺栓长度及重量:

岔枕宽度:240 mm；

P50 轨高:152 mm；

P50 翻扣轨底厚度:18 mm；

上、下挑板厚度:24 ×2 = 48 mm；

螺帽高度:27 mm；

螺栓高出螺帽:5 mm；

合计长度:490 mm。

螺栓重量:由“一般常用材料重量表”查得直径为 22 mm、长度为 490 mm 的螺栓重量是 1.716 2 kgf/根。

螺栓总重量: 1.716 2 kgf/根 ×8 = 13.73 kgf。

b. 上挑板长度及重量:

P50 轨底宽:132 ×4 =528 mm;

内侧 $\phi 23$ 螺栓孔:23 mm;

两折点的斜边长:$2\times\sqrt{20^2+40^2}=90$ mm;实际增加长度:$90-(2\times40)=10$ mm;

外侧螺栓孔中线至板端长度:35 ×2 =70 mm;

合计长度:631 mm。

上挑板重量:$(0.024\times0.09\times0.631)-\left(\frac{0.023^2\times\pi}{4}\times0.024\times2\right)\times7\ 850\ \text{kgf/m}^3=10.543$ kgf/块。

上挑总重量:10.543 kgf/块 ×4 =42.172 kgf。

c. 下挑板长度及重量:

岔枕高宽:160 ×2 =320 mm;

内侧 $\phi 23$ 螺栓孔:23 mm;

外侧螺栓孔中线至板端长度:35 ×2 =70 mm;

合计长度:413 mm。

下挑板重量:$(0.024\times0.09\times0.413)-\left(\frac{0.023^2\times\pi}{4}\times0.024\times2\right)\times7\ 850\ \text{kgf/m}^3=6.846$ kgf/块。

下挑总重量:6.846 kgf/块 ×4 =27.384 kgf。

(6)恒载产生的力:

$q_z=q_1+q_2+q_p+q_3+q_4=121.20+721.44+246.96+17.64+98.46=1\ 205.4$ kgf/m

3. 计算活载

(1)计算活载:按不利因素,选用中—活载;

(2)计算跨度:$L_p=3.550$ m $=355$ cm;

(3)计算方式:按简支梁均布荷载计算方式;

(4)容许挠度:按表 2—3《铁路工务安全规则》的容许挠度:$\frac{1}{300}$,即容许挠度$[f_p]=\frac{1}{300}L_p$。

4. 计算挠度

(1)活载:根据附表1标准活载的换算均布活载中查得“加载长度”为3.550 m处(即纵梁跨度 $L_p=3.550$ m),影响线最大纵坐标所在位置 $a=0.25$ 处的列车荷载。

中—活载:$K_{1/4}=202.35$ kgf/cm。

(2)恒载:$q_z=1\ 205.4$ kgf/m $=12.054$ kgf/cm。

(3)均布荷载:$K_p=K_{1/4}+q_z=202.35+12.054=214.404$ kgf/cm。

(4)挠度计算:$f_p=\left(\dfrac{5}{384}\times\dfrac{K_p\times L_p^4}{E_p\times I_{p1}\times n\times 2}\right)=$

$$\left(\frac{5}{384}\times\frac{214.404\times 355^4}{2.1\times 10^6\times 1\ 827\times 7\times 2}\right)=0.825\ \text{cm}=8.25\ \text{mm};$$

容许挠度 $[f_p]=\dfrac{1}{300}L_p=\dfrac{1}{300}\times 3\ 550=11.83$ mm;

检验:$f_p\leqslant[f_p]$,8.25 mm<11.83 mm,使用安全。

5. 计算弯曲力矩

(1)根据运输生产及安全的要求,采用DF4型机车活载作为计算依据,行车限速为45 km/h。

(2)弯曲力矩 $M_p=[q_z+(1+0.5\upsilon\mu)K_{1/4}]\times\dfrac{L_p^2}{8}$

式中 υ——冲击系数折减率,其值为

$$\upsilon=\frac{v_p}{2v_{kp}-v_p}=\frac{45}{2\times 100-45}=0.290\ 322\ 58;$$

其中 v_p——限制时速,

v_{kp}——DF4型机车临界速度;

μ——冲击系数,其值为

$$\mu=\frac{27}{30+L_p}+\frac{27}{30+3.550}=0.804\ 769\ 001\ 5。$$

因此,

$$\begin{aligned}M_p&=[q_z+(1+0.50\upsilon\mu)K_{1/4}]\times\frac{L_p^2}{8}\\&=[12.05+(1+0.50\times 0.290\ 322\ 58\times 0.804\ 769\ 001\ 5)\\&\quad\times 202.35]\times\frac{355^2}{8}=3\ 749\ 855\ \text{kgf}\cdot\text{cm}。\end{aligned}$$

(3)检验：W按磨耗6 mm计。

$W=(n\cdot W_{上}+n\cdot W_{下})\times 2$ 侧 $=(3\times 230+4\times 275)\times 2=3\ 580$ cm；

$[M_{max}]=[\sigma]W=1\ 700\times 3\ 580=6\ 086\ 000$ kgf·cm；

检验：$M_p\leqslant[M_{max}]$，3 749 855 kg·cm < 6 086 000 kgf·cm，使用安全。

(三)吊轨配件检算

1. 吊轨配件尺寸

吊轨配件尺寸见图3—15。

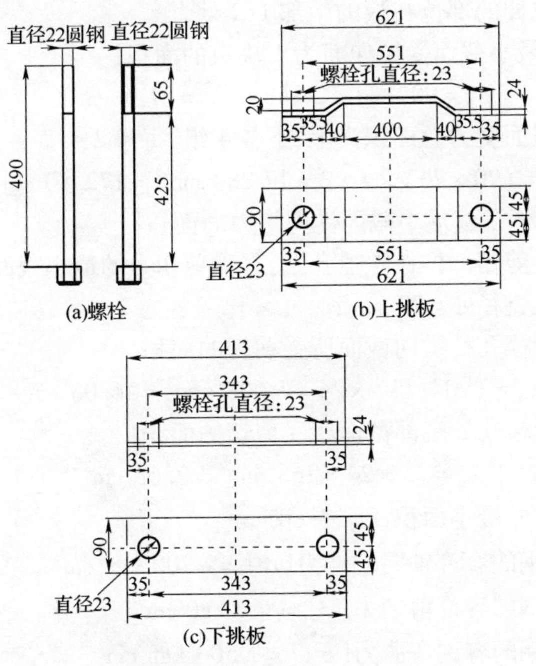

(a)螺栓　(b)上挑板　(c)下挑板

图3—15　吊轨配件图(单位:mm)

2. 吊轨配件检算

(1)计算数据

① 纵梁上的均布荷载：

$K_p = K_{1/4} + q_z = 202.35 + 9.994 = 212.344$ kgf/cm，

那么，横梁的间距为 85 cm，即每根横梁所受到的力为

$P_u = 212.344$ kgf/cm × 85 cm = 18 049.24 kgf。

② 吊轨螺栓杆截面受力总面积：

每侧 4 个螺栓，每个螺栓杆有 2 个竖直截面拉伸。

螺栓杆直径 $d = 22$ mm；

$$A_L = \frac{\pi d^2}{4} = \left(\frac{22^2 \times \pi}{4}\right) \times 4 \times 2 = 3\ 041.06\ \text{mm}^2 = 30.410\ 6\ \text{cm}^2。$$

③ 上、下挑板最小截面受力总面积：

挑板拉伸的部位在板的中部 1/2 处，

其中，最小截面受拉伸面为 1 块板的面积：

$$A_b = 90 \times 24 = 2\ 160\ \text{mm}^2 = 21.6\ \text{cm}^2$$

最小截面受力总面积为上、下各 4 组，每组 2 个面：

$$A_z = (90 \times 24) \times 4 \times 2 = 17\ 280\ \text{mm}^2 = 172.80\ \text{cm}^2$$

④ 上、下挑板最小截面受剪切力的面积：

挑板受剪切部位在螺栓孔处，是受剪切力的最小截面积。

螺栓孔直径 $\phi = 23$ mm；

挑板螺栓孔处横向截面所受剪切的面积：

$$A_m = (90 - 23) \times 24 = 1\ 608\ \text{mm}^2 = 16.08\ \text{cm}^2$$

挑板螺栓孔处端部截面所受剪切的面积：

$$A_n = 23 \times 24 = 768\ \text{mm}^2 = 7.68\ \text{cm}^2$$

受剪切的最小面积 $A_n = 7.68\ \text{cm}^2$

⑤ A_3 钢的容许轴向拉伸力〔σ〕= 1 700 kgf/cm²。

⑥ A_3 钢的容许剪切力〔τ〕= 840 kgf/cm²。

⑦ A_3 钢的容许弯曲力〔σ_w〕= 1 500 kgf/cm²。

(2) 螺栓检算

① 螺栓杆轴向拉伸的检算

1 根竖直螺栓所受的拉伸面积：

$$A_L = \frac{\pi d^2}{4} = \frac{22^2 \times \pi}{4} = 380.13\ \text{mm}^2 = 3.801\ 3\ \text{cm}^2$$

1 根竖直螺栓杆所受的拉伸力：

$$P_{\mathrm{L}}=\frac{P_{\mathrm{u}}}{\text{螺栓总数}}=\frac{18\ 049.24}{2\times4}=2\ 256.155\ \mathrm{kgf}$$

1 根竖直螺栓所受的拉伸应力：

$$\sigma_{\mathrm{L}}=\frac{P_{\mathrm{L}}}{A_{\mathrm{L}}}=\frac{2\ 256.155\ \mathrm{kg}}{3.801\ 3\ \mathrm{cm}^2}=593.52\ \mathrm{kgf/cm^2}$$

检验：$[\sigma]\geqslant\sigma_{\mathrm{L}}$；$[\sigma]=1\ 700\ \mathrm{kgf/cm^2}>593.52\ \mathrm{kgf/cm^2}$；使用安全。

② 螺栓轴向受压的检算

1 根竖直螺栓所受的拉伸面积：

$$A_{\mathrm{L1}}=\frac{\pi d^2}{4}=\frac{22^2\times\pi}{4}=380.13\ \mathrm{mm^2}=3.801\ 3\ \mathrm{cm^2}$$

1 根竖直螺栓所受的拉伸力：

$$P_{\mathrm{L1}}=\frac{P_{\mathrm{u}}}{\text{螺栓总数}}=\frac{18\ 049.24}{2\times4}=2\ 256.155\ \mathrm{kgf}$$

根据附表 10 常用普通 A_3 粗制螺栓的容许承载力查得当 $\phi22$ 螺栓，钢板厚度 24 mm，每一个粗制螺栓主力时的容许承载力$[\delta]$ $=10\ 560$ kgf。

检验：$[\sigma]\geqslant P_{\mathrm{L1}}$；$[\delta]=10\ 560\ \mathrm{kgf}>2\ 256.155\ \mathrm{kgf}$；使用安全。

(3)挑板检算

① 挑板轴向拉伸的检算

上挑板跨度：$L_{\mathrm{m}}=551$ mm；

下挑板跨度：$L_{\mathrm{n}}=343$ mm；

跨度最大的挑板：$l_{\mathrm{m}}=551$ mm。

上、下挑板的横截面积均相等，取 1 块上挑板所受的拉伸面积：

$$A_{\mathrm{b}}=90\times24=2\ 160\ \mathrm{mm^2}=21.6\ \mathrm{cm^2}$$

共有 4 组(8 块)上、下挑板共同承担均布荷载：

$K_{\mathrm{p}}=K_{1/4}+q_{\mathrm{z}}=202.35+9.994=212.344\ \mathrm{kgf/cm}$；

则每组承担的均布荷载：

$$K_{\mathrm{p1}}=\frac{212.344}{4}=53.09\ \mathrm{kgf\cdot cm}$$

上挑板跨度较大，取上挑板计算所承受的均布荷载：

$$M_{max}=\frac{K_{p1}L_m^2}{8}=\frac{53.09\times55.1^2}{8}=20\ 147.72\ \text{kgf}\cdot\text{cm}$$

共有 8 块上、下挑板共同承担，每 1 块上挑板所承受的均布荷载：

$$M_1=\frac{M_{max}}{4}=\frac{20\ 147.72}{4}=5\ 036.93\ \text{kgf}\cdot\text{cm}$$

每组上、下挑板的截面系数：

$$W_S=2\times\left(\frac{a^2h}{6}=\frac{2.4^2\times9.0}{6}\right)=17.28\ \text{cm}^3$$

$[\sigma]W_S\geqslant M_1$；

$[\sigma]W_S=1\ 700\times17.28=29\ 376\ \text{kgf}\cdot\text{cm}$；

$[\sigma]W_S\geqslant M_1$　29 376 kgf·cm > 20 090.42 kgf·cm；使用安全。

② 挑板的剪切面检算

取挑板螺栓孔处端部截面所受剪切的面积。

受剪切的最小面积 $A_n=7.68\ \text{cm}^2$

$$Q_b=\frac{K_{p1}L_m}{2}=\frac{52.939\times55.1}{2}=1\ 458.47\ \text{kgf}$$

选择螺栓孔处端部(2 端)截面计算剪切应力 τ

$$\tau=\frac{Q_b}{2\times A_n}=\frac{1\ 458.47}{2\times7.68}=94.95\ \text{kgf/cm}^2$$

检验：$\tau\leqslant[\tau]$，由附表 8 得 $[\tau]=840\ \text{kgf/cm}^2$，$840\ \text{kgf/cm}^2>94.94\ \text{kgf/cm}^2$，使用安全。

三、铁垫板的制作

P60 铁垫板的切割的尺寸(图 3—16)，应考虑两纵梁中心线的跨度、铁垫板底部面积、木枕受压、切入等。

(1)两钢轨中心距 $S=1\ 500\ \text{mm}$；

(2)P50 钢轨轨底 $B=132\ \text{mm}$；

(3)P60 铁垫板轨底中心至外侧 $B_1=\frac{151}{2}+17.5+66.5=$

159.5 mm；

(4)螺栓直径 $d=22$ mm；

(5)铁垫板需要切割的尺寸：$B_q=L_q-(s+4B+2B_1+2d)=2\ 270-(1\ 500+4\times123+2\times159.5+2\times22)=-121$mm；

每侧铁垫板切割需要宽度为：121/2＝60.5 mm，取61 mm。

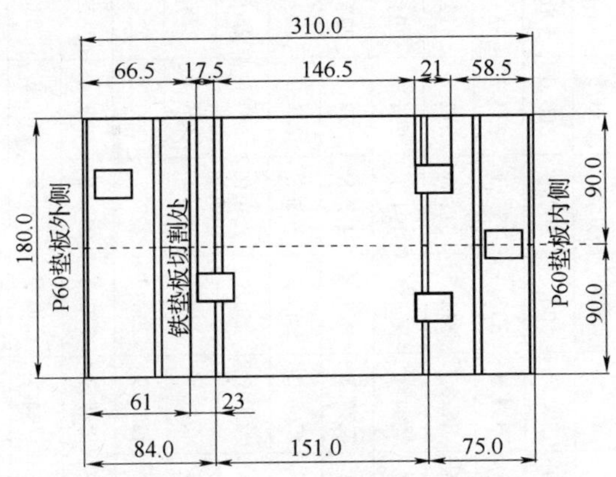

图3—16　铁垫板切割图(单位:mm)

四、所需木枕长度

(1)两钢轨中心距 $S=1\ 500$ mm；

(2)P50钢轨轨底 $B=132$ mm；

(3)P60铁垫板轨底中心至外侧 $B_1=\frac{151}{2}+17.5+66.5=159.5$ mm；

(4)螺栓直径 $d=22$ mm；

(5)所需木枕长度：

$B_q=L_q-(S+8B+2B_1+4d)=5\ 921.5-(1\ 500+8\times132+2\times159.5+4\times22)=2\ 958.5$ mm；

需要的标准岔枕长度为3 050 mm，故确定采用标准岔枕的长度为3 200 mm。

附表 1　标准活载的换算均布活载（kgf/cm）

（不包括冲击力）

加载长度 L (m)	影响线最大纵坐标所在位置 a												
	0.00	0.05	0.10	0.125	0.15	0.20	0.25	0.30	0.35	0.375	0.40	0.45	0.50
1.0	500.0	500.0	500.0	500.0	500.0	500.0	500.0	500.0	500.0	500.0	500.0	500.0	500.0
1.5	333.3	333.3	333.3	333.3	333.3	333.3	333.3	333.3	333.3	333.3	333.3	333.3	333.3
1.6	332.0	316.6	312.5	312.5	312.5	312.5	312.5	312.5	312.5	312.5	312.5	312.5	312.5
1.7	328.7	315.1	299.9	294.1	294.1	294.1	294.1	294.1	294.1	294.1	294.1	294.1	294.1
1.8	324.1	311.9	298.4	291.0	283.2	277.8	277.8	277.8	277.8	277.8	277.8	277.8	277.8
1.9	318.6	307.6	295.5	288.9	281.9	266.6	263.2	263.2	263.2	263.2	263.2	263.2	263.2
2.0	312.5	302.6	291.7	285.7	279.4	265.6	250.0	250.0	250.0	250.0	250.0	250.0	250.0
2.1	306.1	297.2	287.2	281.8	276.1	263.6	249.4	238.1	238.1	238.1	238.1	238.1	238.1
2.2	299.6	291.4	282.4	277.4	272.2	260.8	247.9	233.2	227.3	227.3	227.3	227.3	227.3
2.3	293.0	285.5	277.3	272.8	268.0	257.6	245.7	232.2	217.4	217.4	217.4	217.4	217.4
2.4	286.5	279.6	272.0	267.9	263.5	253.9	243.1	230.7	216.3	208.3	208.3	208.3	208.3
2.5	280.0	273.7	266.7	262.9	258.8	250.0	240.0	228.6	215.4	208.0	200.0	200.0	200.0
2.6	273.7	267.8	261.3	257.8	254.1	245.9	236.7	226.1	213.9	207.1	199.7	192.3	192.3
2.7	267.5	262.1	256.1	252.8	249.3	241.8	233.2	223.4	212.1	205.8	198.9	185.2	185.2

续上表

加载长度 L (m)	影响线最大纵坐标所在位置 a												
	0.00	0.05	0.10	0.125	0.15	0.20	0.25	0.30	0.35	0.375	0.40	0.45	0.50
2.8	261.5	256.4	250.9	247.8	244.6	237.6	229.6	220.5	210.0	204.1	197.7	183.2	178.6
2.9	255.6	251.0	245.7	262.9	239.9	233.4	225.9	217.4	207.6	202.1	196.2	182.7	172.4
3.0	250.0	245.6	240.7	238.1	235.2	229.2	222.2	214.3	205.1	200.0	194.4	181.8	187.5
3.1	249.7	240.4	235.9	233.4	230.8	225.0	218.5	211.1	202.5	197.7	192.5	180.7	185.4
3.2	249.0	237.5	231.1	228.8	226.3	220.9	214.8	207.8	199.8	195.3	190.4	179.3	183.2
3.3	247.9	237.1	226.5	224.3	222.0	216.9	211.2	204.6	197.1	192.8	188.2	177.8	180.9
3.4	246.5	236.3	224.9	220.0	217.8	213.0	207.6	201.4	194.3	190.3	186.0	179.0	187.8
3.5	244.9	235.2	224.5	218.7	213.7	209.2	204.1	198.3	191.5	187.8	183.7	181.2	184.9
3.6	243.1	233.9	223.8	218.3	212.4	205.4	200.6	195.1	188.7	185.2	181.3	182.8	185.2
3.7	241.1	232.4	222.8	217.6	212.0	201.8	197.2	192.0	186.0	182.6	179.0	184.1	186.3
3.8	238.9	230.7	221.6	216.7	211.4	200.0	193.9	189.0	183.3	180.1	178.3	184.9	187.0
3.9	236.7	228.9	220.2	215.6	210.6	199.7	190.7	186.0	180.5	177.5	179.2	185.4	187.4
4.0	234.4	227.0	218.8	214.3	209.6	199.2	187.5	183.0	177.9	175.0	179.7	185.6	187.5
4.2	229.6	222.9	215.4	211.4	207.1	197.7	187.1	177.4	172.7	175.7	180.0	185.4	187.1
4.4	224.7	218.6	211.8	208.1	204.2	195.6	186.0	174.9	170.6	175.6	179.5	184.4	186.0

续上表

加载长度 L (m)	影响线最大纵坐标所在位置 a												
	0.00	0.05	0.10	0.125	0.15	0.20	0.25	0.30	0.35	0.375	0.40	0.45	0.50
4.6	219.8	214.2	207.9	204.6	201.0	193.2	184.3	174.2	170.3	174.9	178.4	182.9	184.3
4.8	214.8	209.7	204.0	200.9	197.6	190.4	182.3	173.0	169.4	173.6	176.9	181.0	182.3
5.0	210.0	205.3	200.0	197.1	194.1	187.5	180.0	171.4	168.1	172.0	175.0	178.8	180.0
5.2	205.3	200.9	196.0	193.4	190.6	184.4	177.5	169.6	166.5	170.1	172.9	176.4	177.5
5.4	200.6	196.6	192.0	189.6	187.0	181.3	174.9	167.5	164.7	168.0	170.6	173.9	174.9
5.6	196.1	192.3	188.1	185.9	183.4	178.2	172.2	165.4	162.7	165.8	168.2	171.2	172.2
5.8	191.7	188.2	184.3	182.2	179.9	175.0	169.4	163.1	160.6	163.5	165.7	168.5	169.4
6.0	187.5	184.2	180.6	178.6	176.5	171.9	166.7	160.7	158.4	161.1	163.2	165.8	166.7
6.2	183.4	180.3	176.9	175.0	173.1	168.8	163.9	158.3	156.2	158.7	160.6	163.1	163.9
6.4	182.6	176.6	173.3	171.6	169.7	165.7	161.1	155.9	154.6	156.3	158.1	160.4	161.1
6.6	181.8	173.8	169.9	168.2	166.5	162.7	158.4	153.5	153.4	153.8	155.5	157.7	158.4
6.8	180.8	173.3	166.5	165.0	163.3	159.8	155.7	153.6	152.2	152.2	153.0	155.1	155.7
7.0	179.6	172.5	164.6	161.8	160.3	156.9	153.1	153.9	151.5	150.9	150.5	152.4	153.1
8.0	172.2	166.5	160.4	157.1	153.7	146.4	151.3	152.2	150.3	148.5	146.3	150.0	151.3
9.0	166.5	160.0	154.4	151.5	148.6	144.6	147.5	147.6	146.0	144.5	144.1	146.1	146.7

续上表

加载长度 L (m)	影响线最大纵坐标所在位置 a												
	0.00	0.05	0.10	0.125	0.15	0.20	0.25	0.30	0.35	0.375	0.40	0.45	0.50
10	159.8	154.4	149.0	146.2	143.4	142.1	143.6	142.7	140.6	140.0	141.0	141.7	141.3
11	154.8	149.5	144.3	141.6	138.9	139.3	139.7	138.2	136.3	137.0	137.4	127.2	136.1
12	150.4	145.3	140.1	137.5	134.9	136.4	136.0	134.0	133.6	133.9	133.8	132.9	131.2
13	146.6	141.6	136.5	133.9	132.0	133.6	132.6	130.2	130.8	130.7	130.3	128.8	127.9
14	143.3	138.3	133.3	130.8	130.1	130.9	129.4	127.9	128.0	127.6	127.0	125.1	125.0
15	140.3	135.4	130.4	127.9	128.5	128.4	126.5	125.8	125.3	124.7	123.8	122.7	122.2
16	137.7	132.8	127.9	125.5	126.5	126.0	123.8	123.7	122.7	121.9	120.9	120.4	119.4
17	135.3	130.4	125.6	124.1	124.8	123.8	121.8	121.7	120.3	119.3	118.9	118.1	116.7
18	133.2	128.3	123.5	122.8	123.2	121.8	120.3	119.7	118.0	117.3	117.1	115.9	114.1
19	131.2	126.4	121.6	121.5	121.6	119.9	118.8	117.9	115.9	115.7	115.3	113.8	111.8
20	129.4	124.7	119.8	120.2	120.1	118.1	117.4	116.1	114.6	114.2	113.6	111.8	110.2
21	127.8	123.0	118.4	119.0	118.7	116.5	116.0	114.4	113.2	112.6	111.9	109.8	108.6
22	126.3	121.6	117.5	117.9	117.4	115.2	114.7	112.8	111.9	111.1	110.2	108.5	107.0
23	125.0	120.2	116.6	116.8	116.1	114.3	113.4	111.6	110.6	109.7	108.7	107.2	105.5
24	123.7	119.0	115.8	115.7	114.9	113.3	112.1	110.6	109.3	108.3	107.3	106.0	104.0

续上表

加载长度 L (m)	影响线最大纵坐标所在位置 a												
	0.00	0.05	0.10	0.125	0.15	0.20	0.25	0.30	0.35	0.375	0.40	0.45	0.50
25	122.5	117.8	114.9	114.7	113.8	112.4	111.0	109.6	108.0	107.0	106.3	104.7	102.5
26	121.4	116.7	114.1	113.7	112.7	111.5	109.8	108.6	106.8	106.0	105.3	103.5	101.6
27	120.4	115.7	113.4	112.8	111.7	110.6	108.7	107.7	105.7	105.1	104.3	102.3	100.9
28	119.5	114.8	112.6	112.0	110.8	109.8	107.9	106.7	104.9	104.2	103.3	101.2	100.3
29	118.6	113.9	111.9	111.1	109.0	109.0	107.3	105.8	104.1	103.3	102.3	100.6	99.7
30	117.8	113.1	111.2	110.3	109.1	108.2	106.6	104.9	103.3	102.4	101.4	100.0	99.2
31	117.0	112.3	110.5	109.6	108.6	107.4	105.9	104.1	102.6	101.6	100.5	99.5	98.8
32	116.2	111.6	109.9	108.9	108.0	106.7	105.3	103.3	101.8	100.8	99.9	99.1	98.4
33	115.5	110.9	109.3	108.2	107.5	106.0	104.6	102.8	101.1	100.0	99.5	98.6	98.0
34	114.9	110.2	108.7	107.5	107.0	105.3	104.0	102.2	100.4	99.5	99.0	98.3	97.6
35	114.3	109.6	108.1	106.9	106.5	104.7	103.3	101.7	99.6	99.1	98.6	97.9	97.3
36	113.7	109.0	107.6	106.3	106.0	104.3	102.7	101.1	99.2	98.7	98.3	97.6	97.0
37	113.1	108.5	107.1	105.9	105.5	103.8	102.1	100.5	98.8	98.3	97.9	97.3	96.8
38	112.6	107.9	106.6	105.5	105.1	103.4	101.6	100.0	98.4	98.0	97.6	97.0	96.5
39	112.1	106.4	106.1	105.2	104.6	103.0	101.2	99.5	98.1	97.7	97.3	96.8	96.3
40	111.6	107.0	105.6	104.8	104.2	102.6	100.8	98.9	97.8	97.4	97.1	96.5	96.1

续上表

加载长度 L (m)	影响线最大纵坐标所在位置 a												
	0.00	0.05	0.10	0.125	0.15	0.20	0.25	0.30	0.35	0.375	0.40	0.45	0.50
41	111.1	106.5	105.2	104.4	103.7	102.1	100.4	98.4	97.5	97.2	96.8	96.3	95.9
42	110.6	106.0	104.7	104.1	103.3	101.7	100.0	98.1	97.3	96.9	96.6	96.1	95.7
43	110.1	105.6	104.3	103.7	102.9	101.3	99.6	97.9	97.0	96.7	96.4	95.9	95.5
44	109.6	105.1	103.8	103.3	102.4	100.9	99.2	97.6	96.8	96.4	96.2	95.7	95.3
45	109.2	104.7	103.4	102.9	102.0	100.5	98.8	97.3	96.5	96.2	95.9	95.5	95.1
46	108.7	104.3	103.0	102.6	101.6	100.1	98.4	97.0	96.3	96.0	95.7	95.3	94.9
47	108.3	104.0	102.6	102.2	101.2	99.7	98.0	96.7	96.0	95.7	95.5	95.0	94.7
48	107.9	103.7	102.3	101.8	100.8	99.2	97.6	96.4	95.8	95.5	95.2	94.8	94.5
49	107.5	103.4	102.0	101.4	100.5	98.9	97.2	96.2	95.5	95.2	95.0	94.6	94.3
50	107.1	103.1	101.7	101.1	100.2	98.6	96.8	95.9	95.3	95.0	94.8	94.4	94.1
51	106.7	102.8	101.4	100.7	99.9	98.2	96.5	95.7	95.0	94.8	94.5	94.2	93.8
52	106.3	102.5	101.1	100.4	99.5	97.9	96.2	95.4	94.8	94.5	94.3	93.9	93.6
53	105.9	102.2	100.8	100.0	99.2	97.6	96.0	95.2	94.6	94.3	94.1	93.7	93.4
54	105.6	101.9	100.5	99.7	98.9	97.3	95.7	94.9	94.3	94.1	93.9	93.5	93.2
55	105.2	101.6	100.2	99.3	98.6	97.0	95.4	94.7	94.1	93.9	93.7	93.3	93.0

附表 2　常见活载的换算均布载重

（不包括冲击力）

加载长度（m）	中一活载			前进型双机 +80(kN/m)			FD 型双机 +80(kN/m)			建设型双机 +80(kN/m)			解放型双机 +80(kN/m)			DF4 型双机 +80(kN/m)		
	端部	1/4 处	1/2 处	端部	1/4 处	1/2 处	端部	1/4 处	1/2 处	端部	1/4 处	1/2 处	端部	1/4 处	1/2 处	端部	1/4 处	1/2 处
	$a=0.00$	$a=0.25$	$a=0.50$	$a=0.00$	$a=0.25$	$a=0.50$	$a=0.00$	$a=0.25$	$a=0.50$	$a=0.00$	$a=0.25$	$a=0.50$	$a=0.00$	$a=0.25$	$a=0.50$	$a=0.00$	$a=0.25$	$a=0.50$
1	500.0	500.0	500.0	420.0	420.0	420.0	412.0	412.0	412.0	410.0	410.0	410.0	410.6	410.6	410.6	460.0	460.0	460.0
2	321.5	250.0	250.0	241.2	210.1	210.0	250.0	206.0	206.0	251.9	205.1	205.0	255.4	206.7	205.3	253.0	230.0	230.0
3	250.0	222.2	187.5	196.5	172.7	155.2	200.3	177.8	150.0	203.0	178.8	151.3	203.6	181.1	153.6	214.7	184.0	165.1
4	234.4	187.5	187.5	180.9	147.4	140.7	187.5	150.2	150.0	189.0	152.2	152.2	189.5	152.7	153.9	189.8	161.0	145.5
5	210.0	180.0	180.0	167.2	138.3	138.3	168.9	144.0	144.0	178.1	145.3	145.3	178.1	145.7	146.5	176.6	143.5	143.5
6	187.5	156.7	166.7	160.8	129.5	132.2	163.1	133.3	133.4	163.0	135.3	130.3	168.0	135.7	140.2	161.0	138.0	133.0
7	179.6	153.1	153.1	155.9	129.6	129.6	157.7	130.3	130.3	156.0	132.0	134.5	156.1	132.3	135.2	147.1	129.6	129.6
8	172.2	151.3	151.3	150.8	130.7	130.7	152.9	132.0	132.0	147.0	126.1	127.7	147.1	126.4	128.2	137.1	120.8	120.8
9	165.5	147.5	146.7	143.9	128.0	128.0	146.2	129.7	129.7	139.7	123.2	120.6	139.7	123.4	120.9	129.6	112.7	112.4
10	159.8	143.6	141.3	138.9	123.8	123.8	141.1	125.7	125.7	132.2	118.9	115.7	132.2	118.9	116.0	123.8	106.3	105.2
12	150.4	136.0	131.2	129.9	118.1	114.7	132.1	120.0	116.1	121.3	109.1	107.7	122.2	109.0	107.8	115.5	99.0	94.3
14	143.3	129.4	125.0	121.5	111.4	109.9	122.5	113.3	111.8	115.3	102.5	100.4	116.8	103.3	100.2	109.8	95.3	88.0
16	137.7	123.8	119.4	116.5	104.7	106.0	117.1	106.0	107.0	109.8	98.0	94.3	110.7	99.5	94.4	105.6	92.1	84.1
18	133.2	120.3	114.2	112.1	100.3	99.5	114.1	101.0	101.5	106.4	94.9	90.0	106.5	96.0	90.3	102.5	89.4	80.6
20	129.4	117.4	110.2	108.9	98.8	96.2	110.8	99.5	97.5	104.1	92.2	88.5	103.9	92.5	88.7	100.1	87.1	80.0

续上表

加载长度(m)	中—活载			前进型双机+80(kN/m)			FD 型双机+80(kN/m)			建设型双机+80(kN/m)			解放型双机+80(kN/m)			DF4 型双机+80(kN/m)		
	端部	1/4 处	1/2 处	端部	1/4 处	1/2 处	端部	1/4 处	1/2 处	端部	1/4 处	1/2 处	端部	1/4 处	1/2 处	端部	1/4 处	1/2 处
	$a=0.00$	$a=0.25$	$a=0.50$	$a=0.00$	$a=0.25$	$a=0.50$	$a=0.00$	$a=0.25$	$a=0.50$	$a=0.00$	$a=0.25$	$a=0.50$	$a=0.00$	$a=0.25$	$a=0.50$	$a=0.00$	$a=0.25$	$a=0.50$
24	123.7	112.2	104.0	104.8	94.3	92.4	107.6	96.1	94.1	100.1	88.7	86.1	99.3	88.4	86.7	96.5	83.3	80.0
25	122.5	111.0	102.5	103.9	93.7	92.1	107.0	95.4	93.3	99.3	88.2	85.3	98.4	87.7	85.8	95.7	82.3	80.0
30	117.8	106.6	99.2	100.1	91.3	89.2	103.8	94.4	91.8	96.0	85.9	83.7	94.9	84.9	82.3	93.0	81.2	80.0
32	116.2	105.3	98.4	99.0	90.3	88.6	102.7	93.6	91.2	95.0	94.9	83.4	93.8	83.9	81.9	92.1	80.5	80.0
35	114.3	103.3	97.3	97.6	88.8	88.1	101.2	92.3	91.2	93.0	83.8	83.0	92.5	82.5	81.6	91.0	80.0	80.0
40	111.6	100.8	96.1	96.0	87.4	86.5	100.0	90.9	91.0	92.0	83.2	82.0	90.8	82.0	80.4	89.6	80.0	80.0
45	109.2	98.8	95.1	94.5	86.6	85.7	98.3	90.4	90.6	90.7	82.6	81.1	89.5	81.3	80.0	88.5	80.0	80.0
48	107.9	97.6	94.5	93.9	86.2	85.1	97.7	90.0	90.3	90.0	82.4	80.9	88.8	81.1	80.0	87.9	80.0	80.0
50	107.1	96.8	94.1	93.4	86.0	84.8	97.2	89.9	89.9	89.6	82.2	80.9	88.4	80.9	80.0	87.6	80.0	80.0
60	103.6	94.2	91.9	91.7	84.8	84.8	95.9	88.6	89.1	88.0	81.7	81.1	86.9	80.0	80.0	86.3	80.0	80.0
64	102.4	93.4	91.1	91.1	84.6	84.7	95.3	88.4	89.1	87.5	81.5	80.8	86.5	80.0	80.0	85.9	80.0	80.0
70	100.8	92.2	89.9	90.3	84.2	84.4	94.5	88.5	89.0	86.9	81.3	80.5	85.9	80.0	80.0	85.4	80.0	80.0
80	98.6	90.6	88.2	89.2	83.4	83.4	93.3	88.1	88.2	86.0	80.9	80.4	85.1	80.0	80.0	84.7	80.0	80.0
90	96.9	89.2	86.8	88.3	83.0	82.6	92.3	87.6	87.0	85.3	80.5	80.4	84.5	80.0	80.0	84.1	80.0	80.0
100	95.4	88.1	85.5	87.5	82.8	82.3	91.3	87.1	86.9	84.8	80.4	80.2	84.0	80.0	80.0	83.7	80.0	80.0
110	94.1	87.2	84.6	86.9	82.5	81.9	90.5	86.5	85.6	84.4	80.5	80.2	83.6	80.0	80.0	83.4	80.0	80.0
120	93.1	86.4	83.8	86.4	82.5	81.6	89.9	85.9	84.9	84.0	80.5	80.2	83.3	80.0	80.0	83.1	80.0	80.0

续上表

加载长度（m）	中—活载			前进型双机+80(kN/m)			FD 型双机+80(kN/m)			建设型双机+80(kN/m)			解放型双机+80(kN/m)			DF4 型双机+80(kN/m)		
	端部	1/4 处	1/2 处	端部	1/4 处	1/2 处	端部	1/4 处	1/2 处	端部	1/4 处	1/2 处	端部	1/4 处	1/2 处	端部	1/4 处	1/2 处
	$a=0.00$	$a=0.25$	$a=0.50$	$a=0.00$	$a=0.25$	$a=0.50$	$a=0.00$	$a=0.25$	$a=0.50$	$a=0.00$	$a=0.25$	$a=0.50$	$a=0.00$	$a=0.25$	$a=0.50$	$a=0.00$	$a=0.25$	$a=0.50$
140	91.4	85.1	82.8	85.6	82.2	81.1	88.7	85.2	83.6	83.4	80.2	80.1	82.8	80.0	80.0	82.6	80.0	80.0
160	90.0	84.2	82.2	84.9	81.7	80.9	87.7	84.5	82.7	83.0	80.2	80.1	82.5	80.0	80.0	82.3	80.0	80.0
180	89.0	83.4	81.7	84.4	81.3	80.7	87.0	83.8	82.2	82.7	80.2	80.1	82.2	80.0	80.0	82.0	80.0	80.0
200	88.1	82.8	81.4	84.0	81.1	80.6	86.3	83.2	81.8	82.4	80.1	80.1	82.0	80.0	80.0	81.8	80.0	80.0

注:(1)表中单位:kN/m = kgf/cm。

(2)前进型机车按 470 ~474,596 ~;FD 型机车按 2001 ~2004;建设型机车按 5001 ~5146;解放型机车按 74 ~500。

(3)各种机车(双机 +80 kN/m)的换算均布载重除以相应跨度,相应部位的中—活载换算均布载重即为该活载相当中—活载的系数。例如,前进型机车 +80 kN/m,在跨度 60 m 简支梁上当 $a=0.00$ 时,其换算均布载重相当于中—活载的 0.885。

附表 3　部分钢轨技术数据

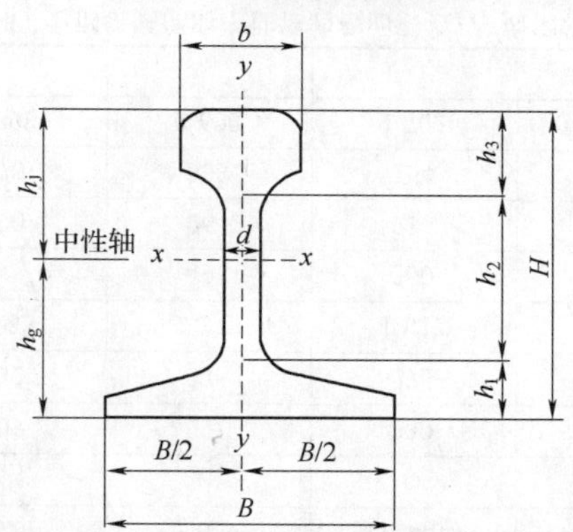

钢轨类型	每米重量（kgf/m）	总截面面积（cm^2）	截面尺寸（mm）				重心距轨底的距离（cm）	重心距轨头的距离（cm）	对水平轴的惯性力矩（cm^4）	对垂直轴的惯性力矩（cm^4）	截面弹性模量（cm^3）		
			轨头宽	轨底宽	钢轨高	轨腰厚					上部截面系数	下部截面系数	轨底侧边截面系数
		F	b	B	H	d	h_g	h_j	I_x	I_y	W_j	W_g	W_c
75	74.414	95.037	75.00	150.0	192.0	20.0	8.82	10.38	4 489.0	665.0	432.0	509.0	89.0
60	60.640	77.450	73.00	150.0	176.0	16.5	8.12	9.48	3 217.0	524.0	339.4	396.0	69.9
50	51.514	65.800	70.00	132.0	152.0	15.5	7.10	8.10	2 037.0	377.0	251.3	287.2	57.1
43	44.653	57.000	70.00	114.0	140.0	14.5	6.90	7.10	1 489.0	260.0	208.3	217.3	45.0
38	38.733	49.500	68.00	114.0	134.0	13.0	6.67	6.73	1 240.4	209.3	178.9	180.6	36.7

附表 4　部分钢轨垂直磨耗技术数据

钢轨磨耗(mm)	项目	单位	钢轨类型(kgf/m)					
			75	60	50	43	38	33
0	W_j	cm^3	432.0	339.4	251.3	208.3	178.9	147.0
	W_g	cm^3	509.0	396.0	287.2	217.3	180.6	156.0
	I_x	cm^4	4 489.0	3 217.0	2 037.0	1 489.0	1 240.4	968.0
	I_y	cm^4	665.0	524.0	377.0	260.0	209.3	
3	W_j	cm^3	420	318	242	200	171	141
	W_g	cm^3	496	385	283	211	176	152
	I_x	cm^4	4 328	3 069	1 946	1 409	1 136	915
	I_y	cm^4						
6	W_j	cm^3	405	291	230	189	161	131
	W_g	cm^3	482	375	275	205	168	147
	I_x	cm^4	4 083	2 879	1 827	1 317	1 050	347
	I_y	cm^4		498	360			
9	W_j	cm^3	390	264	216	176	148	
	W_g	cm^3	470	363	264	197	163	
	I_x	cm^4	3 898	2 690	1 702	1 220	973	
	I_y	cm^4						

注：W_j 为钢轨头部对中性轴的截面系数；W_g 为钢轨底部对中性轴的截面系数；I_x 为钢轨对水平中性轴的惯性矩；I_y 为钢轨对垂直中性轴的惯性矩。

附表5　接头夹板尺寸数据

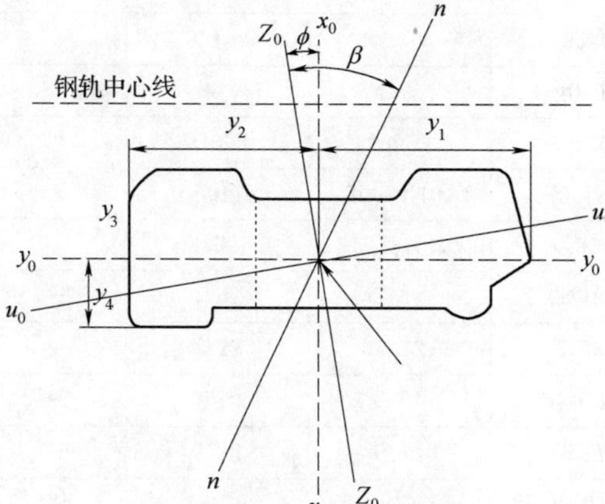

型　号	孔　距 (mm)				接头夹板长度 (mm)	螺栓孔径 (mm)
	a	b	c	d	L_y	ϕ
P70	40	130	220	220	1 000	26
P60	50	140	140	160	820	26
P50	50	140	150	140	820	26
P45	50	140	140	160	820	24
P43	65	160	110	120	790	24
P38	65	160	110	120	790	24

附表 6　接头夹板计算数据

计算数据			单位	钢轨类型(kgf/m)				
				75	60	50	45	43 及 38
接头夹板长度			mm	1 000	820	820	820	790
横截面面积			cm^2	38. 44	37. 26	30. 05	29. 28	26. 01
理论质量	每米长度的质量		kg	30. 18	29. 17	23. 53	22. 93	20. 37
	每块质量	未扣除螺栓孔	kg	30. 18	23. 92	19. 29	18. 80	16. 09
		扣除螺栓孔	kg	29. 55	23. 32	18. 72	18. 26	15. 57
重心至各处的距离	至顶部 y_1		cm	6. 38	6. 37	5. 37	5. 26	4. 89
	至下部 y_2		cm	6. 34	6. 01	5. 05	4. 68	4. 51
	至内部 x_3		cm	2. 55	2. 22	2. 38	2. 15	2. 09
	至外部 x_4		cm	1. 97	2. 24	2. 18	2. 95	1. 88
轴心线倾斜角	Z_0 轴与水平轴夹角 φ			3°26′	2°48′44″	4°39′	5°50′12″	4°03′
	中和轴与 Z_0 轴夹角 β			27°11′	30°54′10″	30°15′	37°52′14″	27°11′
惯性力矩	对 x_0 轴 I_x		cm^4	519. 8	496. 3	281. 0	252. 0	190. 0
	对 y_0 轴 I_y		cm^4	48. 1	41. 9	40. 9	35. 71	27. 1
	对主轴	I_{z0}	cm^4	521. 5	497. 4	282. 6	254. 28	190. 8
		I_{y0}	cm^4	46. 4	40. 8	39. 3	33. 43	26. 3

续上表

计算数据		单位	钢轨类型(kgf/m)				
			75	60	50	45	43 及 38
离心惯性矩 I_{xy}		cm^4	-28.38	-22.4	-19.7	-22.34	-11.6
断面系数	对顶部边缘 W_1	cm^3	81.7	77.9	52.2	47.87	38.9
	对下部边缘 W_2	cm^3	81.9	82.6	55.4	53.8	42.1
	对内侧边缘 W_3	cm^3	18.9	18.9	17.2	16.6	13.0
	对外侧边缘 W_4	cm^3	24.4	18.7	18.8	12.1	14.0

注：(1)接头夹板理论重量按钢的比重 7.830 计算；

(2)重心位置及轴心线倾斜角度参见附表 5 图。

附表 7　铁线钉容许应力

铁线钉长(mm)			70		80		90		100			125		150		
铁线钉直径(mm)			2.6	3.0	3.0	3.5	3.5	4.0	3.5	4.0	4.5	4.0	4.5	4.5	5.0	5.5
木板厚度(cm)	2.5	容许应力(N/1 个钉)	240	320	320	430	430	520	430	520	590	—	—	—	—	—
	3.0		—	—	320	430	430	560	430	560	700	—	—	—	—	—
	4.0		—	—	—	—	430	560	430	560	710	560	710	710	880	1 060
	5.0		—	—	—	—	—	—	430	560	710	560	710	710	880	1 060

附表 8　螺栓拉杆的容许荷载

螺栓拉杆直径(mm)	12	14	16	18	20	22	24	27
有效截面(mm^2)	0.763	1.047	1.441	1.744	2.252	2.815	3.243	4.271
容许荷载(kN)	10.3	14.15	19.45	23.55	30.4	38.0	43.8	57.65

附表 9　钢料的容许应力

应力种类		符号	单位	钢材		备注
				16 Mnq 16 Mn 合金钢	3 号碳素钢	
轴向应力	设计	〔σ〕	MPa(kgf/cm^2)	200(2000)	140(1400)	屈服点强度 1.7
	检定			240(2400)	170(1700)	70% 屈服点强度
弯曲应力	设计	〔σ_w〕	MPa(kgf/cm^2)	210(2100)	150(1500	直接搁置桥枕的桥面系纵梁弯曲应力〔σ_w〕采用〔σ〕
	检定			260(2600)	185(1850)	
剪应力	设计	〔τ〕	MPa(kgf/cm^2)	120(1200)	84(840)	
	检定			140(1400)	100(1000)	0.6〔σ〕
端头承压应力(磨光顶紧)	设计	〔σ_{a1}〕	MPa(kgf/cm^2)	300(3000)	210(2100)	
	检定			360(3600)	255(2550)	1.5〔σ〕

注:1986 年版《铁路桥涵设计规范》16q 钢设计容许应力:轴向应力为135 MPa(1 350 kgf/cm^2);弯曲应力为140 MPa(1 400 kgf/cm^2);剪切力 80 MPa(800 kgf/cm^2);端头承压(磨光顶紧)应力为 200 MPa(2 000 kgf/cm^2)。

附表 10　焊缝的容许应力

	钢架建造年代	被焊材料种类	容许应力(MPa)		
			拉　力	压　力	剪　力
检定采用	1950 年以前	碳素钢	90(900)	100(1 000)	72(720)
	1950 年以后	碳素钢	170(1 700)	170(1 700)	100(1 000)
	1950 年以后	合金钢	240(2 400)	240(2 400)	140(1 400)
设计采用			容许应力与基本钢材相同		

注:括号中数据单位为 kgf/cm^2。

附表 11 常用普通 A_3 粗制螺栓的容许承载力

直 径 (mm)	内 径 (mm)	截面积 (cm^2)	每一个粗制螺栓主力时的容许承载力(kN)							
			单 剪	双 剪	承 压					
					为下列钢板厚时(mm)					
					8	10	12	16	20	24
16	13.835	2.01	16.1 (1.61)	32.2 (3.22)	25.6 (2.56)	32.0 (3.20)	38.4 (3.84)	51.2 (5.12)	64.0 (6.40)	76.8 (7.68)
18	15.294	2.55	20.4 (2.04)	40.8 (4.08)	28.8 (2.82)	36.0 (3.60)	43.2 (4.32)	57.6 (5.76)	72.0 (7.20)	86.4 (8.64)
19	16.294	2.84	22.7 (2.27)	45.4 (4.54)	30.4 (3.04)	38.0 (3.80)	45.6 (4.56)	60.8 (6.08)	76.0 (7.60)	91.2 (9.12)
20	17.294	3.14	25.1 (2.51)	50.2 (5.02)	32.0 (3.20)	40.0 (4.00)	48.0 (4.80)	64.0 (6.40)	80.0 (8.00)	96.0 (9.60)
22	19.294	3.80	30.4 (3.04)	60.8 (6.08)	35.2 (3.52)	44.0 (4.40)	52.8 (5.28)	70.4 (7.04)	88.0 (8.80)	105.6 (10.56)
24	20.752	4.52	36.2 (3.62)	72.4 (7.24)	38.4 (3.84)	48.0 (4.80)	57.6 (5.76)	76.8 (7.68)	96.0 (9.60)	115.2 (11.52)

续上表

直 径(mm)	内 径(mm)	截面积(cm^2)	每一个粗制螺栓主力时的容许承载力(kN)							
			单 剪	双 剪	承 压					
					为下列钢板厚时(mm)					
					8	10	12	16	20	24
25	21.752	4.91	39.3 (3.93)	79.6 (7.96)	40.0 (4.00)	50.0 (5.00)	60.0 (6.00)	80.0 (8.00)	100.0 (10.00)	120.0
27	23.752	5.73	45.9 (4.59)	91.8 (9.18)	43.2 (4.32)	54.0 (5.40)	64.8 (6.48)	86.4 (8.64)	108.0 (10.80)	129.6 (12.96)
28	24.752	6.16	49.4 (4.94)	98.8 (9.88)	44.8 (4.48)	56.0 (5.60)	67.2 (6.72)	89.6 (8.96)	112.0 (11.20)	134.4 (13.44)
29	26.211	7.07	56.6 (5.66)	113.2 (11.32)	48.0 (4.80)	60.0 (6.00)	72.0 (7.20)	96.0 (9.60)	120.0 (12.00)	144.0 (14.40)

注:(1)括号中数据单位为 tf;

(2)钢材 A_3 容许应力:〔τ〕=80 MP_a(800 kgf/cm^2);〔σ〕=200 MP_a(2 000 kgf/cm^2)。

(3)用于桥梁安装主荷载时,表中承载力乘以提高系数,$k=1.2$,钢梁安装主荷载加风载时,$k=1.35$。

附表 12　铆钉、精制螺栓的容许应力

受力种类			符号	容许应力 (MPa)	备注
铆钉	剪切	设计	〔τ〕	工厂铆钉 110(1 100);工地铆钉 100(1 000);	
		检定		135(1 350)	0.8〔σ〕
	承压	设计	〔σ_y〕	工厂铆钉 280(2 800);工地铆钉 250(2 500);	
		检定		340(3 400)	2.0〔σ〕
	拔头	检定	〔σ_b〕	100(1 000)	0.6〔σ〕
精制螺栓	剪切	设计	〔τ_t〕	90(900)	
		检定		110(1 100)	0.6〔σ〕
	承压	设计	〔σ_{1y}〕	220(2 200)	
		检定		270(2 700)	1.6〔σ〕

注:(1)平头铆钉的容许应力应减 20%;
(2)铆钉直径为铆钉孔的公称直径;
(3)精制螺栓直径至多较螺栓孔小 0.3 mm;
(4)括号中数据单位为 kgf/cm^2。

附表 13 基础木桩最大容许荷载

木桩类别	木　桩　直　径(cm)				
	24	26	28	30	32
摩擦桩容许荷载(t)	20	25	30	35	40
排架桩容许荷载(t)	15	17	20	23	26

附表 14　常用木材容许应力和弹性模量（MP_a）

木材种类	木材名称	应力等级	受弯、顺纹受压及承压〔σ_w〕、〔σ_a〕	顺纹受拉〔σ_1〕	顺纹受剪〔τ〕	横纹承压〔σ_{ah}〕			弹性模量 E（$\times10^4$）
						全表面	局部表面及齿面	拉力螺栓垫板下面	
针叶松	东北落叶松、陆均松	A—1	120（1 200）	75（750）	13（130）	19（190）	29（290）	38（380）	11（110）
	鱼鳞云杉、西南云杉、铁杉、红杉、赤杉、新疆落叶松	A—2	110（1 100）	70（700）	12（120）	17（170）	24（240）	34（340）	10（100）
	红松、樟子松、华山松、马尾松、云南松、广东松、油松、红皮云杉	A—3	100（1 000）	65（650）	11（110）	15（150）	22（220）	30（300）	9（90）
	杉木、华北落叶松、秦岭落叶松	A—4	90（900）	60（600）	10（100）	15（150）	22（220）	30（300）	9（90）
	冷杉、西北云杉、山西云杉、山西油松	A—5	80（800）	55（550）	10（100）	14（140）	21（210）	28（380）	8.5（85）
阔叶松	栎木（柞木）、青冈、椆木	B—1	160（1 600）	100（1 000）	22（220）	34（340）	51（510）	68（680）	12（120）
	水曲柳	B′—2	140（1 400）	90（900）	19（190）	31（310）	46（460）	62（620）	11（110）
	锥栗（栲木）、桦木	B′—3	120（1 200）	80（800）	16（160）	25（250）	37（370）	50（500）	10（100）

注：（1）当采用湿材时，木材顺纹承压容许应力和弹性模量宜降低 10%；

（2）括号中数据单位为 kgf/cm^2；

（3）下列情况的计算指标可提高 15%：

① 原木顺纹受压和受弯的容许应力及弹性模量；

② 截面短边尺寸等于或大于 15 cm 的方木受压容许应力。

附表 15　热轧普通工字钢截面特性

（按 GB 706—88 计算）

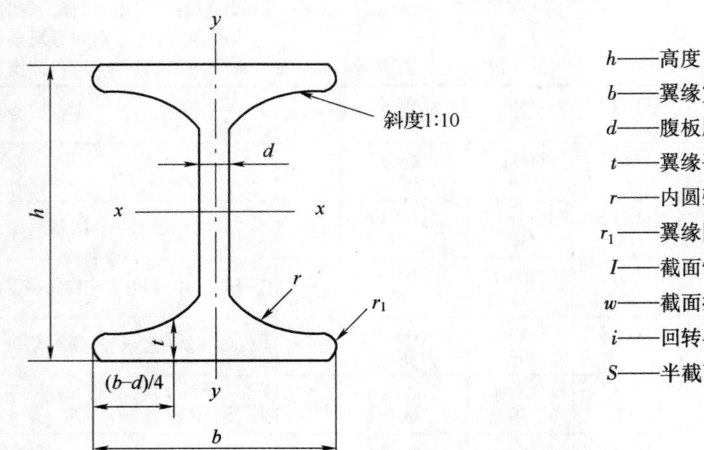

h——高度

b——翼缘宽度

d——腹板厚度

t——翼缘平均厚度

r——内圆弧半径

r_1——翼缘圆弧半径

I——截面惯性矩

w——截面抵抗矩

i——回转半径

S——半截面面积矩

工字钢号数	尺寸(mm)						截面面积	重量	参考数据						
									x—x				y—y		
	h	b	d	t	r	r_1	(cm^2)	(kgf/m)	I_x(cm^4)	W_x(cm^3)	S_x(cm^3)	i_x(cm)	I_y(cm^4)	W_y(cm^4)	i_x(cm)
10	100	68	4. 5	7. 6	6. 5	3. 3	14. 33	11. 25	245	49. 0	28. 2	4. 14	32. 8	9. 6	1. 51
12. 6	126	74	5. 0	8. 4	7. 0	3. 5	18. 10	14. 21	488	77. 4	44. 4	5. 19	46. 9	12. 7	1. 61

续上表

工字钢号数		尺寸(mm)						截面面积	重量	参考数据						
										x—x				y—y		
		h	b	d	t	r	r_1	(cm^2)	(kgf/m)	I_x(cm^4)	W_x(cm^3)	S_x(cm^3)	i_x(cm)	I_y(cm^4)	W_y(cm^4)	i_x(cm)
14		140	80	5.5	9.1	7.5	3.8	21.50	16.88	712	101.7	58.4	5.57	64.3	16.1	1.73
16		160	88	6.0	9.9	8.0	4.0	26.11	20.54	1 127	140.9	80.8	6.57	93.1	21.1	1.89
18		180	94	6.5	10.7	8.5	4.3	30.74	24.13	1 669	185.4	106.5	7.37	122.9	26.2	2.00
20	a	200	100	7.0	11.4	9.0	4.5	35.55	27.91	2 379	236.9	136.1	8.16	157.9	31.6	2.11
	b		102	9.0				39.55	31.05	2 502	250.2	146.1	7.95	169.0	33.1	2.07
22	a	220	110	7.5	12.3	9.5	4.5	42.10	33.05	3 406	309.6	177.7	8.99	225.9	41.1	2.32
	b		112	9.5				46.50	36.50	3 583	325.8	189.8	8.78	240.2	42.9	2.27
25	a	250	116	8.0	13.0	10.0	5.0	48.51	38.08	5 017	401.4	230.7	10.17	280.4	48.4	2.40
	b		118	10.0				53.51	42.01	5 278	422.2	246.3	9.93	297.3	50.4	2.36
28	a	280	122	8.5	13.7	10.5	5.3	55.37	43.47	7 115	508.2	292.7	11.34	344.1	56.4	2.49
	b		124	10.5				60.97	47.86	7 418	534.4	312.3	11.08	363.8	58.7	2.44
32	a	320	130	9.5	15.0	11.5	5.8	67.12	52.69	11 080	692.5	400.5	12.85	459.0	70.6	2.62
	b		132	11.5				73.52	57.71	11 626	726.7	426.1	12.58	483.8	73.3	2.57
	c		134	13.5				79.92	62.74	12 173	760.8	451.7	12.34	510.1	76.1	2.53

续上表

工字钢号数		尺寸(mm)						截面面积	重量	参考数据						
										x—x				y—y		
		h	b	d	t	r	r_1	(cm²)	(kgf/m)	I_x(cm⁴)	W_x(cm³)	S_x(cm³)	i_x(cm)	I_y(cm⁴)	W_y(cm⁴)	i_x(cm)
36	a	360	136	10.0	15.8	12.0	6.0	76.44	60.00	15 796	877.6	508.8	14.38	554.9	81.6	2.69
	b		138	12.0				83.64	65.66	16 574	920.8	541.2	14.08	583.6	84.6	2.64
	c		140	14.0				90.84	71.31	17 351	964.0	573.6	13.82	614.0	87.7	2.60
40	a	400	142	10.5	16.5	12.5	6.3	86.07	67.56	21 714	1 085.7	631.2	15.88	659.9	92.9	2.77
	b		144	12.5				94.07	73.84	22 781	1 139.0	671.2	15.56	692.8	96.2	2.71
	c		146	14.5				102.07	80.12	23 847	1 192.4	711.2	15.29	727.5	99.7	2.67
45	a	450	150	11.5	18.0	13.5	6.8	102.40	80.38	32 241	1 432.9	836.4	17.74	855.0	114.0	2.89
	b		152	13.5				111.40	87.45	33 759	1 500.4	887.1	17.41	895.4	117.8	2.84
	c		154	15.5				120.40	94.51	35 278	1 567.9	937.7	17.12	938.0	121.8	2.79
50	a	500	158	12.0	20.0	14.0	7.0	119.25	93.61	46 472	1 858.9	1 084.1	19.74	1 121.5	142.0	3.07
	b		160	14.0				129.25	101.46	48 556	1 942.2	1 146.6	19.38	1 171.4	146.4	3.01
	c		162	16.0				139.25	109.31	50 639	2 005.6	1 209.1	19.07	1 223.9	151.1	2.96
56	a	560	166	12.5	21.0	14.5	7.3	135.38	106.27	65 576	2 342.0	1 368.8	22.01	1 365.8	164.6	3.18
	b		168	14.5				146.58	115.06	68 503	2 446.5	1 447.2	21.62	1 523.8	169.5	3.12
	c		170	16.5				157.78	123.85	71 430	2 551.1	1 525.6	21.28	1 484.8	174.7	3.07
63	a	630	176	13.0	22.0	15.0	7.5	154.59	121.36	94 004	2 984.3	1 747.4	24.66	1 702.4	193.5	3.32
	b		178	15.0				167.19	131.25	98 171	3 116.6	1 846.6	24.23	1 770.7	199.0	3.25
	c		180	17.0				179.79	141.14	102 339	3 248.9	1 945.9	23.86	1 843.4	204.7	3.20

附表 16　热轧普通槽钢截面特性

（按 GB 707—1988 计算）

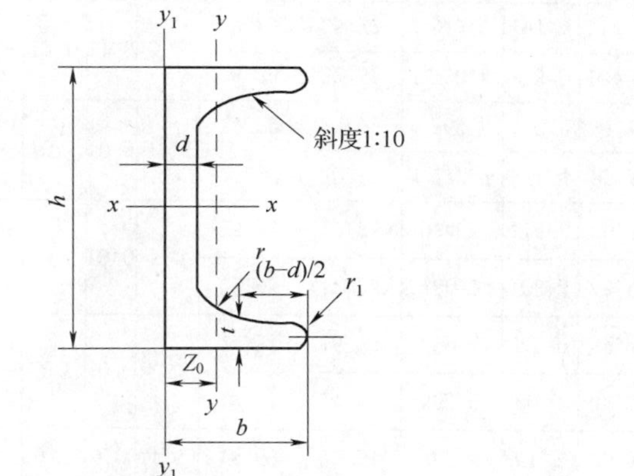

h——高度

b——翼缘宽度

d——腹板厚度

t——翼缘平均厚度

r——内圆弧半径

r_1——翼缘圆弧半径

I——截面惯性矩

w——截面抵抗矩

i——回转半径

S——半截面面积矩

Z_0——形心距离

槽钢型号	尺寸(mm)						截面面积	重量	参考数据									
									x—x				y—y				y_1—y_1	
	h	b	d	t	r	r_1	(cm^2)	(kgf/m)	I_x cm^4	W_x cm^3	S_x cm^3	i_x cm	I_y cm^4	W_{ymin} cm^3	W_{ymax} cm^3	i_x cm	I_{y1} cm^4	x_0 cm
5	50	37	4.5	7.0	7.0	3.5	6.92	5.44	26.0	10.4	6.4	1.94	8.3	3.5	6.2	1.10	20.9	1.35
6.3	63	40	4.8	7.5	7.5	3.75	8.45	6.63	51.2	16.3	9.8	2.46	11.9	4.6	8.5	1.19	28.3	1.39

续上表

槽钢型号		尺寸(mm)						截面面积 (cm^2)	重量 (kgf/m)	参考数据									
										x—x				y—y				y_1—y_1	x_0 cm
		h	b	d	t	r	r_1			I_x cm^4	W_x cm^3	S_x cm^3	i_x cm	I_y cm^4	W_{ymin} cm^3	W_{ymax} cm^3	i_x cm	I_{y1} cm^4	
8		80	43	5.0	8.0	8.0	4.0	10.24	8.04	101.3	25.3	15.1	3.14	16.6	5.8	11.7	1.27	37.4	1.42
10		100	48	5.3	8.5	8.5	4.25	12.74	10.00	198.3	39.7	23.5	3.94	25.6	7.8	16.9	1.42	54.9	1.52
12.6		126	53	5.5	9.0	9.0	4.5	15.69	12.31	388.5	61.7	36.5	4.98	38.0	10.3	23.9	1.56	77.8	1.59
14	a	140	58	6.0	9.5	9.5	4.75	18.51	14.53	563.7	80.5	47.5	5.52	53.2	13.0	31.2	1.70	107.2	1.71
	b		60	8.0				21.31	16.73	609.4	87.1	52.4	5.35	61.2	14.1	36.6	1.69	120.6	1.67
16	a	160	63	6.5	10.0	10.0	5.0	21.95	17.23	886.2	108.3	63.9	6.28	73.4	16.3	40.9	1.83	144.1	1.79
	b		65	8.5				25.15	19.75	934.5	116.8	70.3	6.10	83.4	17.6	47.6	1.82	160.8	1.75
18	a	180	68	7.0	10.5	10.5	5.25	25.69	20.17	1 272.7	141.4	83.5	7.04	98.6	20.0	52.3	1.96	189.7	1.88
	b		70	9.0				29.29	22.99	1 369.9	152.2	91.6	6.84	111.0	21.5	60.4	1.95	210.1	1.84
20	a	200	73	7.0	11.0	11.0	5.5	28.83	22.63	1 780.4	178.0	104.7	7.86	128.0	24.2	63.8	2.11	244.0	2.01
	b		75	9.0				32.83	25.77	1 913.7	191.4	114.7	7.64	143.6	25.9	73.7	2.09	268.4	1.95
22	a	220	77	7.0	11.5	11.5	5.75	31.84	24.99	2 393.9	217.6	1 327.6	8.67	157.8	28.2	75.1	2.243	298.2	2.10
	b		79	9.0				36.24	28.45	2 571.3	233.8	139.7	8.42	176.5	30.1	86.8	2.21	326.3	2.03

续上表

槽钢型号		尺寸(mm)						截面面积 (cm^2)	重量 (kgf/m)	参考数据									
										x—x				y—y				y_1—y_1	
		h	b	d	t	r	r_1			I_x cm^4	W_x cm^3	S_x cm^3	i_x cm	I_y cm^4	W_{ymin} cm^3	W_{ymax} cm^3	i_x cm	I_{y1} cm^4	x_0 cm
	a		78	7.0				34.91	27.40	3 359.1	268.7	157.8	9.81	175.9	30.7	85.1	2.24	324.8	2.07
25	b	250	80	9.0	12.0	12.0	6.0	39.91	31.33	3 619.5	289.6	173.5	9.52	196.4	32.7	98.5	2.22	355.1	1.99
	c		82	11.0				44.91	35.25	3 880.0	310.4	189.1	9.30	215.9	34.6	110.1	2.19	388.6	1.96
	a		82	7.5				40.02	31.42	4 752.5	339.5	200.2	10.90	217.9	35.7	104.1	2.33	393.3	2.09
28	b	280	84	9.5	12.5	12.5	6.25	45.62	35.81	5 118.4	365.6	219.8	10.59	241.5	37.9	119.3	2.30	428.5	2.02
	c		86	11.5				51.22	40.21	5 484.3	391.7	239.4	10.35	264.1	40.0	132.6	2.27	467.3	1.99
	a		88	8.0				48.50	38.07	7 510.6	469.4	276.9	12.44	304.7	46.4	136.2	2.51	547.5	2.24
32	b	320	90	10.0	14.0	14.0	7.0	54.90	43.10	8 056.8	503.5	302.5	12.11	335.6	49.1	155.0	2.47	592.9	2.16
	c		92	12.0				61.30	48.12	8 602.9	537.7	328.1	11.85	365.0	51.6	171.5	2.44	642.7	2.13
	a		96	9.0				60.89	47.80	11 874.1	659.7	389.9	13.96	455.0	63.6	186.2	2.73	818.5	2.44
36	b	360	98	11.0	16.0	16.0	8.0	68.09	53.45	12 651.7	702.9	422.3	13.63	496.7	66.9	209.2	2.70	880.5	2.37
	c		100	13.0				75.29	59.10	13 429.3	746.1	454.7	13.36	536.6	70.0	229.5	2.67	948.0	2.34
	a		100	10.5				75.04	58.91	17 577.7	878.9	524.4	15.30	592.0	78.8	237.6	2.81	1057.9	2.49
40	b	400	102	12.5	18.0	18.0	9.0	83.04	65.19	18 644.4	932.2	564.4	14.98	640.6	82.6	262.4	2.78	1135.8	2.44
	c		104	14.5				91.04	71.47	19 711.0	985.6	604.4	14.71	687.8	86.2	284.4	2.75	1220.3	2.42

附表 17　各种几何图形的面积及力学性质公式

序号	截面形状	面积 F	重心轴至边缘距离 y_1, y_2	惯性力矩 I_1, I_2	截面模量 $W_1=\frac{I_1}{y_1}$ $W_2=\frac{I_2}{y_2}$	回转半径 $i_1=\sqrt{\frac{I_1}{F}}$ $i_2=\sqrt{\frac{I_2}{F}}$
1	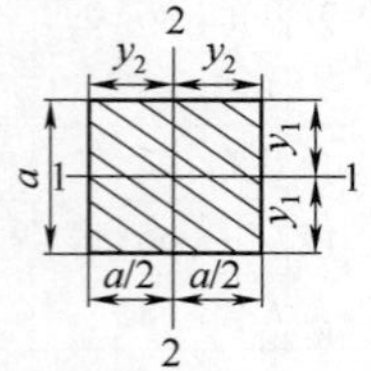	$F=a^2$	$y_1=y_2=\frac{a}{2}$	$I_1=I_2=\frac{a^4}{12}$	$W_1=W_2=\frac{a^3}{6}$	$i_1=i_2=0.289a$
2	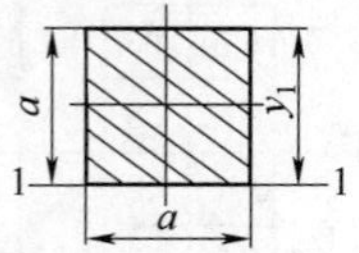	$F=a^2$	$y_1=a$	$I_1=\frac{a^4}{3}$	$W_1=\frac{a^3}{3}$	$i_1=\frac{a}{\sqrt{3}}=0.577a$
3	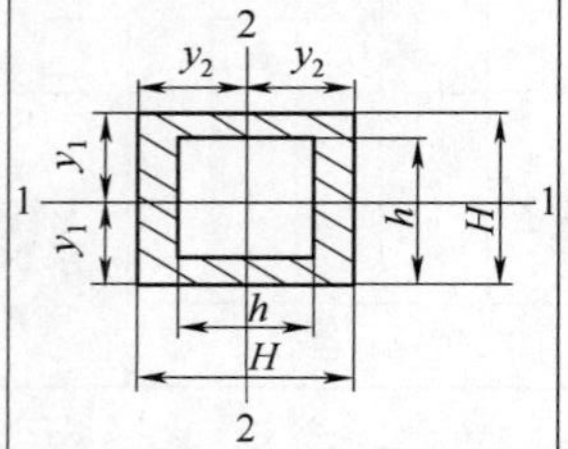	$F=H^2-h^2$	$y_1=y_2=\frac{H}{2}$	$I_1=I_2=\frac{H^4-h^4}{12}$	$W_1=\frac{H^4-h^4}{6H}$	$i_1=i_2=\sqrt{\frac{H^2-h^2}{12}}$

续上表

序号	截面形状	面积 F	重心轴至边缘距离 y_1, y_2	惯性力矩 I_1, I_2	截面模量 $W_1 = \frac{I_1}{y_1}$ $W_2 = \frac{I_2}{y_2}$	回转半径 $i_1 = \sqrt{\frac{I_1}{F}}$ $i_2 = \sqrt{\frac{I_2}{F}}$
4	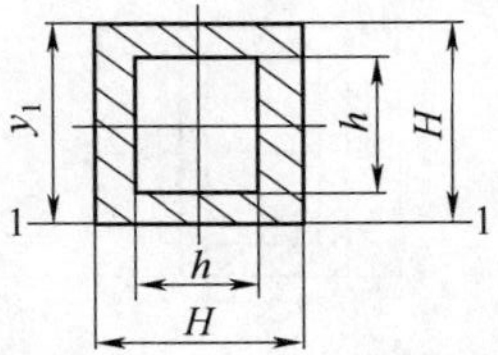	$F = H^2 - h^2$	$y_1 = H$	$I_1 = \left(\frac{4H^2 - h^2}{12}\right) \cdot (H^2 - h^2)$	$W_1 = \frac{(H^2 - h^2)}{12H} \cdot (H^2 - h^2)$	$i_1 = \sqrt{\frac{4H^2 - h^2}{12}}$
5	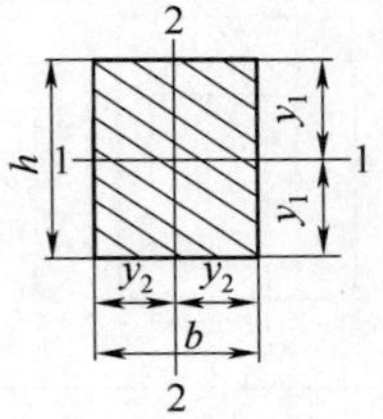	$F = bh$	$y_1 = \frac{h}{2}$ $y_2 = \frac{b}{2}$	$I_1 = \frac{bh^3}{12}$ $I_2 = \frac{hb^3}{12}$	$W_1 = \frac{bh^2}{6}$ $W_2 = \frac{hb^2}{6}$	$i_1 = 0.289h$ $i_2 = 0.289b$
6	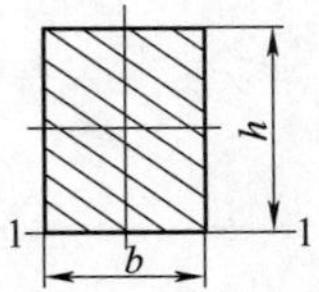	$F = bh$	$y_1 = h$	$I_1 = \frac{bh^3}{3}$	$W_1 = \frac{bh^2}{3}$	$i_1 = \frac{h}{\sqrt{3}} 0.577h$

续上表

序号	截面形状	面积 F	重心轴至边缘距离 y_1, y_2	惯性力矩 I_1, I_2	截面模量 $W_1 = \frac{I_1}{y_1}$ $W_2 = \frac{I_2}{y_2}$	回转半径 $i_1 = \sqrt{\frac{I_1}{F}}$ $i_2 = \sqrt{\frac{I_2}{F}}$
7	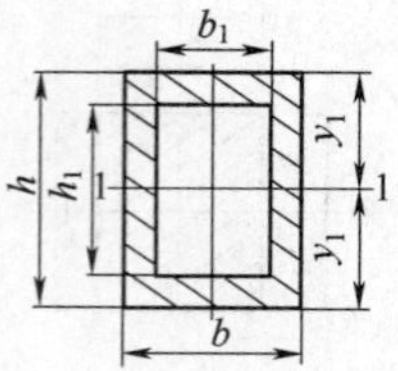	$F = bh - b_1h_1$	$y_1 = \frac{h}{2}$	$I_1 = \frac{bh^3 - b_1h_1^3}{12}$	$W_1 = \frac{bh^3 - b_1h_1^3}{6h}$	$i_1 = \sqrt{\frac{bh^3 - b_1h_1^3}{12(bh - b_1h_1)}}$
8	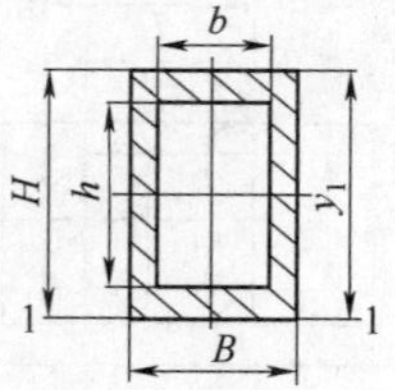	$F = BH - bh$	$y_1 = H$	$I_1 = \frac{1}{12} \cdot (4BH^3 - bh^3 - 3bhH^2)$	$W_1 = \frac{I_1}{H}$	$i_1 = \sqrt{\frac{4BH^3 - bh^3 - 3bhH^2}{12(BH - bh)}}$
9	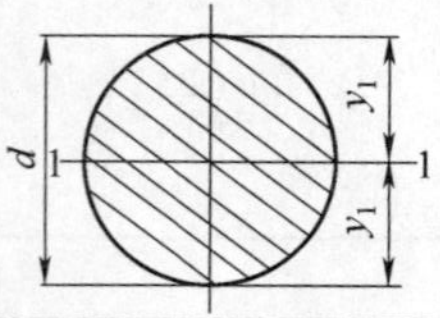	$F = \frac{\pi d^2}{4}$	$y_1 = \frac{d}{2}$	$I_1 = \frac{\pi d^4}{64} = 0.049d^4$	$W_1 = \frac{\pi d^3}{32} = 0.098d^3$	$i_1 = i_2 = \frac{d}{4}$

续上表

序号	截面形状	面积 F	重心轴至边缘距离 y_1, y_2	惯性力矩 I_1, I_2	截面模量 $W_1=\frac{I_1}{y_1}$ $W_2=\frac{I_2}{y_2}$	回转半径 $i_1=\sqrt{\frac{I_1}{F}}$ $i_2=\sqrt{\frac{I_2}{F}}$
10	D, d, y_1, 1—1	$F=\frac{\pi}{4}(D^2-d^2)$	$y_1=\frac{D}{2}$	$I_1=\frac{\pi}{64}(D^4-d^4)$	$W_1=\frac{\pi}{32D}(D^4-d^4)$	$i_1=\frac{1}{4}\sqrt{(D^2-d^2)}$
11	$d/2$, y_1, y'_1, 1—1, 2—2	$F=\frac{\pi d^2}{8}$	$y_1=0.2122d$ $y'_1=0.2878d$	$I_1=0.00686d^4$ $I_2=\frac{\pi d^4}{128}\approx 0.025d^4$	$W_1=0.0323d^3$ $W'_1=0.0238d^3$ $W_2=0.0125d^3$	$i_1=0.132d$ $i_2=\frac{d}{4}$
12	h, b, y_1, 1—1	$F=\frac{1}{2}bh$	$y_1=h$	$I_1=\frac{bh^3}{12}$	$W_1=\frac{bh^2}{12}$	$i_1=\frac{h}{\sqrt{6}}=0.408h$

续上表

序号	截面形状	面积 F	重心轴至边缘距离 y_1, y_2	惯性力矩 I_1, I_2	截面模量 $W_1=\frac{I_1}{y_1}$ $W_2=\frac{I_2}{y_2}$	回转半径 $i_1=\sqrt{\frac{I_1}{F}}$ $i_2=\sqrt{\frac{I_2}{F}}$
13		$F=\frac{1}{2}bh$	$y_1=\frac{1}{3}h$ $y'_1=\frac{2}{3}h$	$I_1=\frac{bh^3}{36}$	$W_1=\frac{bh^2}{12}$ $W_2=\frac{hb^2}{12}$	$i_1=0.236h$
14		$F=\left(\frac{b+b'}{2}\right)h$	$y_1=\frac{b+2b'}{3(b+b')}h$ $y'_1=\frac{2b+b'}{3(b+b')}h$	$I_1=\frac{h^3(b^2+4bb'+b'^2)}{36(b+b')}$	$W_1=\frac{I_1}{y_1}$ $W'_1=\frac{I_1}{y'_1}$	$i_1=\frac{h}{6(b+b')}\cdot\sqrt{2(b^2+4bb'+b'^2)}$
15		$F=bd-h(b-t)$	$y_1=\frac{d}{2}$	$I_1=\frac{bd^3-h^3(b-t)}{12}$	$W_1=\frac{bd^3-h^3(b-t)}{6d}$	$i_1=\sqrt{\frac{bd^3-h^3(b-t)}{12[bd-h(b-t)]}}$

续上表

序号	截面形状	面积 F	重心轴至边缘距离 y_1, y_2	惯性力矩 I_1, I_2	截面模量 $W_1=\frac{I_1}{y_1}$ $W_2=\frac{I_2}{y_2}$	回转半径 $i_1=\sqrt{\frac{I_1}{F}}$ $i_2=\sqrt{\frac{I_2}{F}}$
16	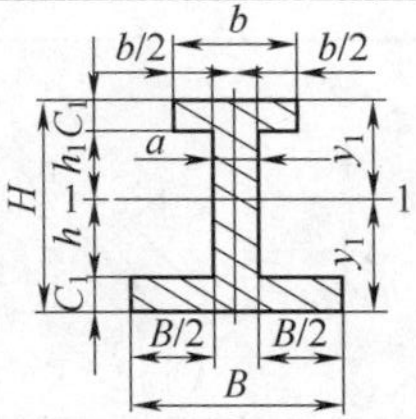	$F=bc_1+a(h+h_1)+Bc$	$y_1=\frac{1}{2}\cdot\frac{aH^2+B_1c^2+b_1c_1(2H-c_1)}{aH+B_1c+bc_1}$ $y'_1=H-y_1$	$I_1=\frac{1}{3}\cdot(By_1^3-B_1h^3+by'^3-b_1h_1^3)$	$W_1=\frac{I_1}{y_1}$ $W'_1=\frac{I_1}{y'_1}$	$i=\sqrt{\frac{I_1}{F}}$
17	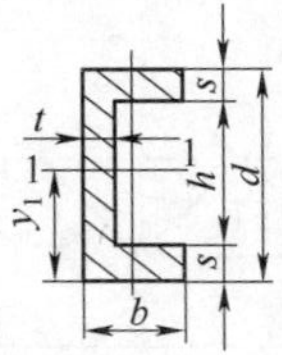	$F=bd-h(b+t)$	$y_1=\frac{d}{2}$	$I_1=\frac{bd^3-h^3(b-t)}{12}$	$W_1=\frac{bd^3-h^3(b-t)}{6d}$	$i_1=\sqrt{\frac{bd^3-h^3(b-t)}{12[bd-h(b-t)]}}$
18	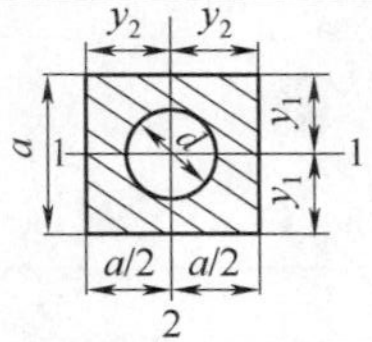	$F=a^2-\frac{\pi d^2}{4}$	$y_1=y_2=\frac{a}{2}$	$I_1=I_2=\frac{a^4}{12}-\frac{\pi d^4}{64}$	$W_1=W_2=\frac{a^3}{12}-\frac{\pi d^3}{64}$	$i_1=i_2=\sqrt{\frac{16a^4-3\pi d^4}{48(4a^2-\pi d^2)}}$

续上表

序号	截面形状	面积 F	重心轴至边缘距离 y_1, y_2	惯性力矩 I_1, I_2	截面模量 $W_1 = \frac{I_1}{y_1}$ $W_2 = \frac{I_2}{y_2}$	回转半径 $i_1 = \sqrt{\frac{I_1}{F}}$ $i_2 = \sqrt{\frac{I_2}{F}}$
19	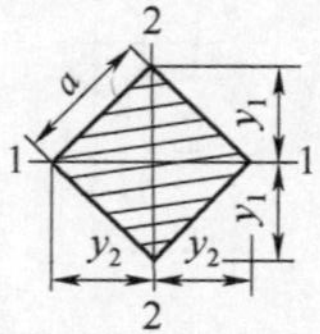	$F = a^2$	$y_1 = y_2 = \frac{\sqrt{2}}{2}a$	$I_1 = I_2 = \frac{a^4}{12}$	$W_1 = W_2 =$ $0.117\,9\,a^3$	$i_1 = i_2 = 0.289a$
20	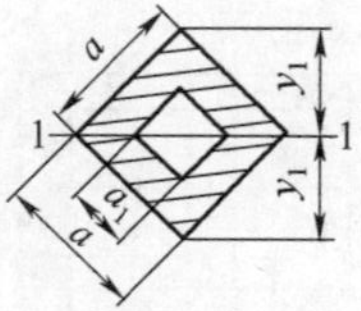	$F = a^2 - a_1^2$	$y_1 = \frac{a}{2}\sqrt{2}$	$I_1 = \frac{a^4 - a_1^4}{12}$	$W_1 =$ $0.117\,9\,\frac{a^4 - a_1^4}{a}$	$i_1 = \sqrt{\frac{a^2 + a_1^2}{12}}$

附表 18　几种简单载荷作用下梁的变形

序号	梁的简图	截面转角	挠曲线方程	绝对值最大的挠度
1	y, A, P, B, x, a_A, a_B, $\frac{L}{2}$, $\frac{L}{2}$	$a_A=a_B=\frac{PL^2}{16EI}$	$0\leqslant x\leqslant\frac{L}{2}$ $y=\frac{px}{12EI}\left(\frac{3L^2}{4}-x^2\right)$	$y_{\max}=\frac{PL^3}{48EI}$
2	y, a, P, b, A, B, x, a_A, a_B, L	$a_A=\frac{Pab(L+b)}{6LEI}$ $a_B=\frac{Pab(L+a)}{6LEI}$	当$0\leqslant x\leqslant a, y=\frac{pbx}{6EI}(L^2-x^2-b^2)$ 当$a\leqslant x\leqslant L$, $y=\frac{Pb}{6LEI}\left[(L^2-b^2)x-x^3+\frac{L}{b}(x-a)^3\right]$	若$a>b$,在$x=\sqrt{\frac{L^2-b^2}{3}}$处 $y_{\max}=\frac{\sqrt{3}Pb}{27LEI}(L^2-b^2)^{\frac{3}{2}}$ 在$x=\frac{L}{2}$处 $y_{\frac{L}{2}}=\frac{Pb}{48EI}(3L^3-4b^2)$
3	y, q, A, B, x, a_A, a_B, L	$a_A=a_B=\frac{PL^3}{24EI}$	$y=\frac{qx}{24EI}(L^3-2Lx^2+x^3)$	$y_{\max}=\frac{5qL^4}{384EI}$

续上表

序号	梁的简图	截面转角	挠曲线方程	绝对值最大的挠度
4	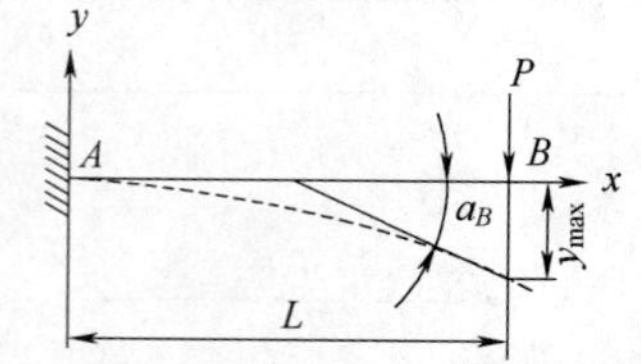	$a_B=\frac{PL^2}{2EI}$	$y=\frac{Px^2}{6EI}(3L-x)$	$y_{\max}=\frac{PL^3}{3EI}$
5	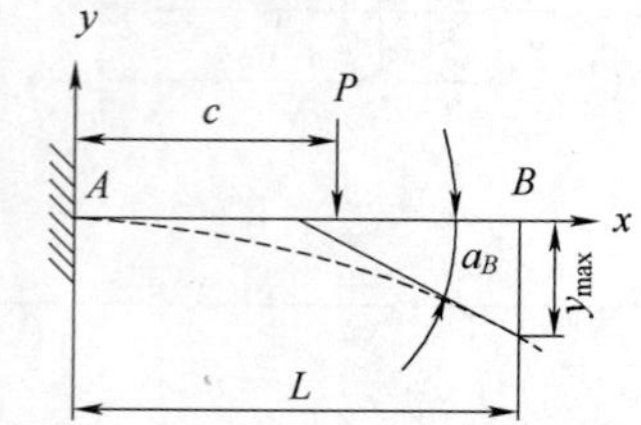	$a_B=\frac{Pc^2}{2EI}$	当$0\leqslant x\leqslant c, y=\frac{Px^2}{6EI}(3c-x)$ 当$c\leqslant x\leqslant L, y=\frac{Pc^2}{6EI}(3x-c)$	$y_{\max}=\frac{Pc^2}{6EI}(3L-c)$
6	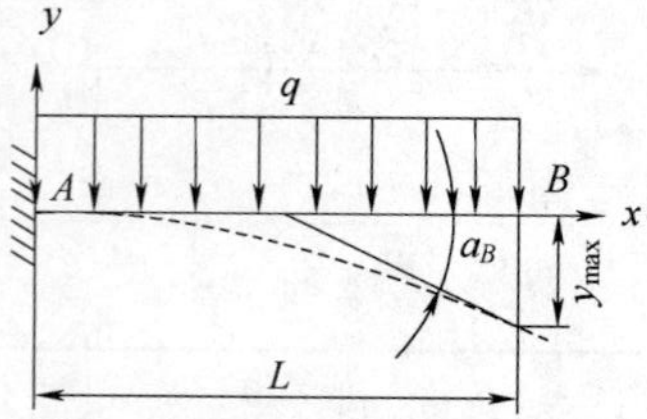	$a_B=\frac{PL^3}{6EI}$	$y=\frac{qx^2}{24EI}(x^2+6L^2-4Lx)$	$y_{\max}=\frac{qL^4}{8EI}$

续上表

序号	梁的简图	截面转角	挠曲线方程	绝对值最大的挠度
7		$a_B = \frac{PL^3}{24EI}$	$y = \frac{qx^2}{120LEI}(10L^3 - 10L^2x + 5Lx^2 - x^3)$	$y_{max} = \frac{qL^4}{30EI}$
8		$a_A = a_B = \frac{PL^3}{32EI}$		$y_{max} = \frac{3PL^4}{320EI}$

附表 19　几种简单载荷作用下梁的弯矩、剪切图

序号	梁的弯矩、剪切简图	绝对值最大弯矩 M_{max}	绝对值最大剪切 Q_{max}
1	y, P, A, B, x, $\frac{L}{2}$, $\frac{L}{2}$, M, Q	$M_{max}=\frac{1}{4}PL$	$Q_{max}=\frac{1}{2}P$
2	y, a, P, b, A, B, x, L, M, Q	$M_{max}=\frac{Pab}{L}$	$Q_{max}=\frac{Pa}{L}$
3	y, q, A, B, x, L, M, Q	$M_{max}=\frac{1}{8}qL^2$	$Q_{max}=\frac{1}{2}qL$
4	y, P, A, B, x, y_{max}, L, M, Q	$M_{max}=PL$	$Q_{max}=P$
5	y, c, P, A, B, x, y_{max}, L, M, Q	$M_{max}=Pc$	$Q_{max}=P$

续上表

序号	梁的弯矩、剪切简图	绝对值最大弯矩 M_{max}	绝对值最大剪切 Q_{max}
6	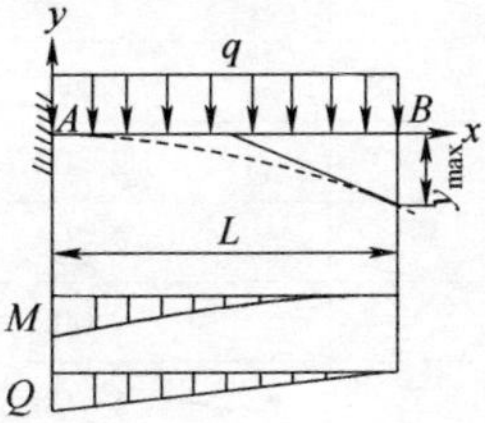 y q A B x y_{max} L M Q	$M_{max}=\frac{1}{2}qL$	$Q_{max}=qL$
7	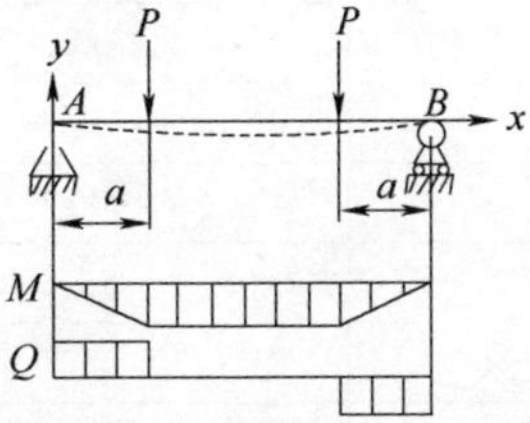 y P P A B x a a M Q	$M_{max}=Pa$	$Q_{max}=Pa$
8	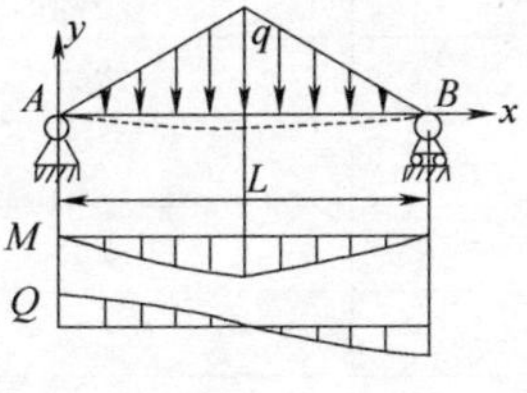 y q A B x L M Q	$M_{max}=\frac{1}{12}qL^2$	$Q_{max}=\frac{1}{4}qL$

附表 20　一般常用材料重量

材料名称	单　位	重量(kgf)
钢	m^3	7 850
铁	m^3	7 250
片石、碎石	m^3	1 750
沙　子	m^3	1 500
钢筋混凝土(配筋率在 3%)	m^3	2 500
片石混凝土	m^3	2 400

续上表

材料名称	单　位	重量(kgf)
碎石混凝土	m^3	2 300
浆砌粗料石	m^3	2 500
浆砌块石	m^3	2 300
浆砌片石	m^3	2 200
干砌片石	m^3	2 000
填　土	m^3	1 700
填石(道床弃渣)	m^3	1 900
填石(碎石道砟)	m^3	2 000
不注油的木材	m^3	750
注油的木材	m^3	900
2.5 m 普通素枕	根	56
2.5 m 普通油枕	根	65
油桥枕 20×22×300 cm	根	96
油桥枕 20×24×300 cm	根	102
油桥枕 20×26×300 cm	根	124
岔枕(断面 16×24)cm	m	32.8
扒钉 ϕ12×200×60 mm	只	0.265
扒钉 ϕ16×200×80 mm	只	0.526
扒钉 ϕ16×250×80 mm	只	0.605
扒钉 ϕ19×280×100 mm	只	0.980
螺栓带帽 ϕ12 mm×75 mm	个	0.114
(每增长 100 mm 增加重量)		0.089
螺栓带帽 ϕ16 mm×100 mm	个	0.264
(每增长 100 mm 增加重量)		0.158
螺栓带帽 ϕ20 mm×100 mm	个	0.453
(每增长 100 mm 增加重量)		0.247
螺栓带帽 ϕ22 mm×100 mm	个	0.554
(每增长 100 mm 增加重量)		0.298

续上表

材料名称	单　位	重量(kgf)
螺栓带帽 ϕ24 mm×100 mm (每增长 100 mm 增加重量)	个	0.868
		0.355
螺帽 ϕ12	个	0.027 7
螺帽 ϕ16	个	0.061 5
螺帽 ϕ20	个	0.118 8
螺帽 ϕ22	个	0.146 6
螺帽 ϕ24	个	0.202 7
双肩垫板 P43	块	5.849
双肩垫板 P50	块	6.044
双肩垫板 P60	块	6.730
双头接头夹板 P43	块	15.57
双头接头夹板 P50	块	18.72
双头接头夹板 P60	块	23.32
普通道钉 16 mm×15 mm	个	0.378

附表 21　镀锌铁线规格

铁线号数	直径(mm)	断面面积(mm^2)	单位重量(kgf/km)	最小拉断力(kgf)	每捆重量(kgf)
25	0.5	0.20	1.53	6.90	50
24	0.55	0.24	1.85	8.30	50
23	0.6	0.28	2.20	9.90	50
22	0.7	0.39	3.00	13.50	50
21	0.8	0.50	3.92	17.60	50
20	0.9	0.64	4.96	22.30	50
19	1.0	0.79	6.13	27.50	50
18	1.2	1.13	8.82	39.60	50
17	1.4	1.54	12.01	53.90	50
16	1.6	2.01	15.69	70.10	50

续上表

铁线号数	直径(mm)	断面面积(mm^2)	单位重量(kgf/km)	最小拉断力(kgf)	每捆重量(kgf)
15	1.8	2.55	19.85	89.10	50
14	2.0	3.12	24.51	110.00	50
13	2.3	4.16	32.41	145.80	50
12	2.6	5.31	41.41	185.80	50
11	2.9	6.63	51.52	231.20	50
10	3.2	8.02	62.73	281.50	50
9	3.5	9.62	75.04	336.70	50
8	4.0	12.57	98.05	440.00	50
7	4.5	15.90	124.00	556.50	50
6	5.0	19.64	153.20	687.40	50
5	5.5	23.76	185.30	831.60	50
4	6.0	28.27	220.50	989.50	50

附表 22　铁线钉质量

钉号	钉长(mm)	钉杆直径 d (mm)	每 1 000 个铁线钉质量(kg)	每 1 kg 大约个数(个)
1	10	1.00	0.064	15 600
1.5	15	1.20	0.138	7 250
2	20	1.40	0.250	4 000
2.5	25	1.60	0.407	2 450
3	30	1.80	0.618	1 620
3.5	35	2.00	0.891	1 120
4	40	2.20	1.220	820
4.5	45	2.50	1.770	565
5	50	2.80	2.460	407
6	60	3.20	3.880	258
7	70	3.40	5.050	198
8	80	3.80	7.180	141

续上表

钉号	钉长(mm)	钉杆直径 d (mm)	每1 000个铁线钉质量(kg)	每1 kg大约个数(个)
9	90	4.20	8.950	101
10	100	4.50	12.600	79.2
12	120	5.00	18.700	53.5
14	140	5.60	27.100	36.90
16	160	6.00	35.500	28.2
18	180	6.60	48.500	20.5
20	200	7.50	69.500	14.4

注:钉帽直径 $D=2.2\ d$,钉头高 $h=0.5d$。

附表23　铁扒钉质量

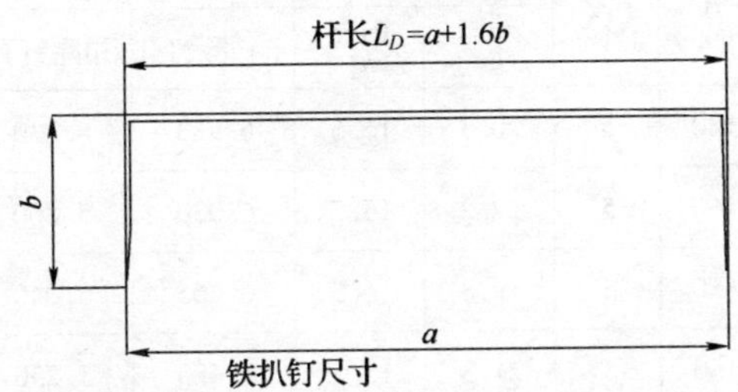

铁扒钉尺寸

材　料	直径或断面(mm)	a(mm)	b(mm)	每1个扒钉质量(kg)
圆　钢	φ12	200	60	0.265
	φ16	200	80	0.526
	φ16	250	80	0.605
	φ19	280	100	0.980
	φ22	300	110	1.430
方　钢	10×10	180	60	0.170
	12×12	200	70	0.355
	16×20	250	80	0.760
	20×20	280	100	1.380

附表 24　(双肩)铁垫板、道钉主要尺寸

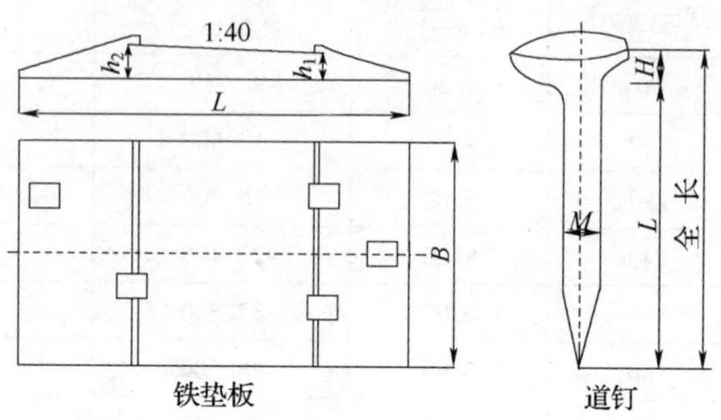

铁垫板　　道钉

(双肩)铁垫板								
钢轨类型(kg/m)	长度 L(mm)	宽度 B(mm)	道钉孔数(个)	轨底垫板厚度(mm)		每块质量(kg)		备　注
				外侧 h_1	内侧 h_2	未扣除钉孔	扣除钉孔	
60	310	180	5	20.3	16.5	6.983	6.730	专线 3057
50	310	160	5	22.2	15.5	6.030	5.800	GB 186—63
50	290	180	5	19.8	16.5	6.265	6.040	专线 3044
43 及 38	290	160	5	21.3	15.5	5.480	5.250	GB 186—63
43	290	180	5	19.4	16.5	6.071	5.845	专线 3045
38	270	170	5	18.4	15.5	5.206	4.988	专线 3050

道　　钉					
全长(mm)	长 度 L(mm)	高度 H(mm)	断面 M(mm)	每个钉质量(kg)	备　注
165	145	20	16	0.378	—

参 考 文 献

[1] 铁道部工务局．铁路工务技术手册　桥涵[M]．北京:中国铁道出版社,1996.

[2] 铁道部工务局．铁路工务技术手册　防洪[M]．北京:中国铁道出版社,2003.

[3] 桥梁隧道病害整治文集编辑委员会．桥梁隧道病害整治文集[M]．北京:中国铁道出版社,1999.

[4] 铁道部工务局．铁路工务技术手册　轨道[M]．北京:中国铁道出版社,1998.

[5] 吴建有．钢结构设计原理[M]．北京:中国建材工业出版社,2001.

[6] 高鹤江,蔡洪谟．铁路桥隧养护简明手册(修订版)[M]．北京:中国铁道出版社,1999.

[7] 铁道部第三勘探设计院．桥梁设计通用资料[M]．北京:中国铁道出版社,1994.

[8] 杨文渊,徐犇．桥梁施工工程师手册[M]．北京:人民交通出版社,1998.

[9] 王承礼,徐名枢．铁路桥梁[M]．北京:中国铁道出版社,1993.

[10] 李富文,伏魁先,刘学信．钢桥[M]．北京:中国铁道出版社,1995.

[11] 龚伟,李希钧,刘励诚．钢结构与木结构[M]．北京:中国建筑工业出版社,1986.

[12] 中华人民共和国铁道部．铁路工务安全规则[S]．北京:中国铁道出版社,2006.

[13] 中华人民共和国铁道部．铁路线路修理规则[S]．北京:中国铁道出版社,2006.

[14] 中华人民共和国铁道部．铁路技术管理规程[S]．北京:中国铁道出版社,2006.